LES
LIVRES CLASSIQUES

DE L'EMPIRE
DE LA CHINE,

RECUEILLIS
PAR LE PERE NOEL;

PRÉCÉDÉS

d'Observations sur l'origine, la nature et les effets de la philosophie morale et politique dans cet empire.

TOME QUATRIEME.

A PARIS,

Chez DE BURE, BARROIS aîné et BARROIS jeune, quai des Augustins.

M. DCC. LXXXV.

SUITE

DU TROISIEME LIVRE

CLASSIQUE,

NOMMÉ

LE LIVRE

DES SENTENCES.

ARTICLE XII.

*Des moyens de cultiver la piété,
de gouverner le peuple, d'exiger
les tributs, & d'ajouter à ses vertus de nouvelles vertus.*

1 YEN-YUEN demandoit à Confucius ce qu'il falloit faire pour acquérir de la piété, c'est-à-dire une
parfaite droiture de cœur.

Il faut, lui dit Confucius, se
vaincre soi-même, & rapporter à
l'honnêteté tout ce que l'on fait. Si
vous pouvez parvenir à vous vaincre seulement un jour entier, & si
vous rapportez pendant ce jour toutes vos actions à l'honnêteté, aussitôt tout le monde parlera de vous,
& tout l'empire vous proclamera

pieux & jufte. Cela n'eft pas difficile, car la piété ne dépend pas des
autres, mais de nous feuls.

2. Permettez, reprit Yen-Yuen,
que je vous demande quelles font
les principales parties de cette vertu.

Il ne faut, répondit Confucius,
ni voir, ni entendre, ni dire rien
qui foit contraire à la vertu, & réprimer tous les mouvements du
cœur contraires à la droite raifon.

Je ne fuis ni fort ingénieux ni
fort habile, dit Yen-Yuen ; mais je
vous prie de permettre que j'efsaie
de pratiquer ces beaux préceptes.

3. Gen-Yum lui demanda en-
fuite ce qu'il falloit faire pour vivre
dans la droiture & dans la piété.

Lorfque vous êtes en public, dit

Confucius, foyez grave & modefte comme fi vous vifitiez un étranger de grande qualité. Lorfque vous annoncez des ordres au peuple, foyez grave & modefte comme fi vous affiftiez à la grande folemnité de la cérémonie cy. Enfuite jugez des autres par vous-même, c'eft-à-dire ne faites point à un autre ce que vous ne voudriez pas que l'on vous fît. Un homme qui fe conduit ainfi en public ou avec le peuple, & chez lui ou avec fes parents, ne donne ni à lui-même ni aux autres aucun fujet de peine ou de colere.

Je fuis peu ingénieux & peu habile, dit Chum-Kum; mais je vous prie de me permettre de pratiquer ces beaux préceptes.

4. Su-Ma-Nieu demanda auffi à

Confucius ce qu’il falloit faire pour vivre dans la droiture & dans la piété.

Il faut ne se permettre que difficilement de parler, répondit Confucius.

Mais cette petite qualité suffit-elle pour vivre dans la droiture & dans la piété ? ajouta Su-Ma-Nieu.

Confucius lui répondit : Il est difficile d’agir avec piété & avec droiture : croyez-vous qu’il soit aisé de se permettre difficilement de parler ?

5. Le même disciple lui demanda quel homme étoit le sage.

C’est, répondit Confucius, un homme qui ne s’afflige jamais, & qui ne craint jamais.

Mais, reprit Su-Ma-Nieu, peut-on appeller un homme sage auſſitôt qu'il ne s'afflige point & qu'il ne craint point ?

Dites-moi, je vous prie, répliqua Confucius, pourquoi celui qui, en examinant ſon ame, n'y découvre ni maladie ni tache, s'affligeroit ou craindroit.

6. Ce diſciple Su-Ma-Nieu a-voit un frere aîné turbulent & deux jeunes freres qui s'aſſocierent à lui dans toutes ſes mauvaiſes actions : Su-Ma-Nieu en étoit pénétré de douleur, & diſoit en gémiſſant : Tous les autres peuvent jouir de la ſociété de leurs freres, ſe réjouir avec eux, ou en recevoir des con-ſolations ; hélas ! je ſuis le ſeul pri-vé de ces avantages ! je ſuis le ſeul qui n'aie point de frere !

Son condisciple Tsu-Hiao lui dit : J'ai souvent entendu dire à notre maître : « La mort & la vie « dépendent des décrets du ciel, & « nous ne pouvons les changer. La « pauvreté & les richesses suivent « le cours que leur prescrit la loi du « ciel, & vous ne pouvez lui résis- « ter ni la faire plier. Le sage adore « sans cesse cette loi & cet ordre du « ciel. Toujours content sous sa di- « rection, dans quelque société qu'il « se trouve, il se montre toujours « doux, poli & respectueux. Voilà « pourquoi les peuples renfermés « dans les quatre mers ont pour « lui l'amour & la bienveillance « qu'ils ont pour leurs freres. »

Comment donc un homme sage peut-il s'affliger de n'avoir point de freres :

7. Le disciple Tsu-Chum demanda à Confucius quel étoit l'homme
que l'on pouvoit appeller clairvoyant.

Il y a, dit Confucius, une espece de détracteurs qui ont l'art de
voiler leurs médisances & leurs calomnies; qui ne les débitent pour
ainsi dire que peu à peu, qui ne les
persuadent que par des affirmations
artificieuses jusqu'à ce qu'ils voient
entièrement ruinées les réputations
qu'ils attaquent; à-peu-près comme
un homme qui, voulant bien im-
biber & mouiller un linge, le plonge
dans l'eau peu à peu jusqu'à ce qu'il
en soit absolument pénétré dans toutes ses parties.

Il y a une autre espece de détracteurs qui attaquent les réputations

par des déclamations, en publiant qu'on les a outragés, & en peignant l'injure qu'on leur a faite aussi vivement que s'ils l'éprouvoient encore : on diroit qu'ils viennent de recevoir une blessure sur leur corps.

Celui qui ne croit ni ces détracteurs cachés ni ces accusateurs emportés, est non seulement clairvoyant, mais encore très clairvoyant.

8. Tsu-Kum demanda à Confucius ce qui étoit nécessaire pour un bon gouvernement.

Trois choses, répondit Confucius : une subsistance abondante, des troupe suffisantes, & un peuple fidele.

9. Mais si l'on ne peut avoir ces trois choses, & qu'il faille nécessé-

sairement renoncer à une , quelle eſt la premiere à laquelle vous croyez qu'il faut renoncer ?

-Retranchez les ſoldats, dit Confucius.

10. Enfin , dit Tſu - Kum , ſi, après avoir retranché les ſoldats , on ne peut avoir les deux autres, ſavoir , l'abondance & un peuple fidele, & qu'il faille encore renoncer à une de ces deux choſes , quelle ſeroit celle que vous retrancheriez ?

Les vivres ou la ſubſiſtance , répondit Confucius. Je ſais qu'en retranchant les ſubſiſtances, les hommes mourront: mais tous les hommes doivent mourir ; la mort ne change point leur deſtination. La fidélité au contraire eſt ce qui conſtitue l'homme : retranchez - la , les peuples ne font plus des hommes, mais des bêtes féroces. Ne vaut-il pas mieux mourir en homme que de vivre en bête féroce ?

11. Kié-Tfu-Chim, premier miniftre du royaume de Guéi, voyant que fur la fin de l'empire de Cheu les hommes étoient beaucoup plus occupés à bien orner leur corps que leur efprit, difoit avec colere : A quoi fert ce vain extérieur d'honnêteté ? Donnez-moi un homme vrai & fincere, & je le tiens pour fage.

Le difciple Tfu-Kum, qui entendoit ce difcours, corrigeant un excès par un autre, lui parla ainfi : Qu'avez-vous donc dit, monfieur ? à qui donc donnez-vous le titre de fage ? Certainement les paroles inconfidérées vont fi vîte, que quatre chevaux de la plus grande vîtesse ne pourroient les ramener. Le sage ne s'occupe pas seulement de l'esprit, mais encore du corps, & il ne donne pas moins à l'honnêteté extérieure des mœurs qu'à la droiture & à la candeur extérieure du cœur. Sans l'honnêteté extérieure des mœurs, comment distinguerez-vous le sage de l'insensé? Si vous ôtez de la peau du tigre la variété des couleurs, qu'aura-t-elle de plus précieux que la peau de la chevre, du bouc ou du chien?

12. Anciennement l'empereur Yu, pour imposer les tributs, partagea toute la Chine en neuf provinces, & tous les champs en neuf quarrés, dont un appartenoit à l'empereur. Ces quarrés étoient disposés

Tome I. X

comme les quilles dans un jeu. On nomma cette division *tsim*, parcequ'elle avoit une apparence de ressemblance avec cette lettre. L'arpent qui étoit au milieu appartenoit à l'empereur, & étoit cultivé par les possesseurs des huit arpents collatéraux. Ces possesseurs ayant négligé la culture de l'arpent impérial, les empereurs de la famille de Cheu céderent l'arpent impérial aux colons des huit apents collatéraux, à condition qu'ils lui donneroient la dixieme partie de tous les fruits des neuf arpents, & l'on donna à cette loi le nom de *ché*. Ce préliminaire est nécessaire pour entendre la réponse d'un disciple de Confucius à un roi de Lu. La voici.

Ngai-Kum, roi de Lu, parla

ainſi à Yen-Yu, diſciple de Confucius : La terre a peu produit les années paſsées, & ne m'a pas fourni
ce qui étoit néceſsaire pour mon en-
tretien & pour le ſervice public ;
comment peut-on remédier à ce
malheur ?

Pourquoi, répondit Yen-Yu,
ne ſuivez-vous pas la loi *ché* portée
ſous la dynaſtie des Cheu, par laquelle on paie au roi la dixieme partie de tous les fruits ?

J'en retire bien davantage, reprit le roi Si-Ven-Kum, un de mes
prédéceſseurs, a porté une loi qui
impoſe pour le roi le cinquieme des
productions qui ne ſuffit pas, comment donc voulez-vous que je re-
vienne à la loi *ché* ?

Yen-Yu répondit : Si le peuple
X ij

a ce qui lui est nécessaire pour se nourrir, pour se vêtir & pour se loger, comment se peut-il que le roi ne l'ait pas? & si le peuple ne l'a pas, comment le roi pourroit-il l'avoir?

13. Le disciple Tsu-Chum demanda à Confucius les moyens d'augmenter sa vertu.

Les voici, répondit-il : Il faut se proposer pour objet principal la candeur & la vérité, & s'appliquer à pratiquer l'équité. Voilà comment on augmente sa vertu. Examinez encore si vous souhaitez que ceux que vous aimez déraisonnablement vivent long-temps, & si vous souhaitez que ceux que vous haïssez déraisonnablement meurent ; car c'est une grande erreur & un aveuglement de l'esprit de souhaiter une longue vie à ceux que l'on aime à tort, & une prompte mort à ceux que l'on hait à tort ; & le livre des poésies le dit : « Ce n'est point pour « ses richesses, mais pour sa jeu- « nesse que vous avez changé d'af- « fection. »

14. A quoi se réduit l'art de gouverner ? disoit Kim-Kum, roi de Lu, à Confucius.

Que le roi remplisse les obligations de roi, le préfet celles de préfet, le pere celles de pere, le fils celles de fils, répondit Confucius ; il n'y a point d'autre art de régner, & vous l'avez tout entier dans ces quatre maximes.

15. Vous avez certainement très bien dit, & rien n'est plus vrai,

reprit Kim-Kum. Mais si ni le roi, ni le préfet, ni le pere, ni le fils, ne remplifsent les obligations & les devoirs de roi, de préfet, de pere & de fi's, quoique le royaume abonde en riz & en autres productions, comment pourrai-je en jouir tranquillement?

16. Voulez-vous un homme qui termine les conteftations des plaideurs avec la moitié d'un mot? prenez mon difciple Tfu-Lu.

Ce n'eft pas tout, ajouterent fes condifciples : lorfque Tfu-Lu s'étoit chargé de la caufe de quelqu'un, il ne laifsoit pas pafser une nuit qu'il n'eût rempli fes vœux.

17. Confucius difoit ordinairement : Je pourrois tout comme un autre écouter & juger des plaideurs,

car cela n'eſt pas fort difficile : mais ce qui eſt important & difficile, c'eſt de faire en ſorte qu'on ne plaide pas ; & le ſeul moyen d'y parvenir eſt d'enſeigner la patience, la modeſtie, la douceur & l'honnêteté.

18. Tſu - Cham demandoit à Confucius quel étoit l'art de gouverner.

Il conſiſte, dit Confucius, à faire de continuels & ſinceres efforts pour nourrir & inſtruire le peuple.

19. Confucius diſoit : Un diſciple de la ſageſſe, dont l'étude embraſſe la connoiſſance des poéſies & des annales avec la pratique des ſix arts, & qui enſuite réduit toutes ces connoiſſances à la pratique des loix de l'honnêteté ; ce diſciple de la ſa-

gefse, dis-je, peut dans la fuite ne rien faire qui l'empêche d'arriver à la perfection.

20. Le fage exhorte à continuer une entreprife louable, & à renoncer à celle qui eft mauvaife ; l'infensé fait tout le contraire.

21. Ki-Kam, premier miniftre de Lu, demanda à Confucius en quoi confiftoit l'art de gouverner.

Gouverner, répondit Confucius, c'eft rendre droit. Si vous êtes un miniftre droit, qui ofera ne l'être pas ?

22. Ce même miniftre, voyant avec bien de la peine qu'il y avoit beaucoup de voleurs dans le royaume, demanda à Confucius le moyen de les détruire.

Seigneur, lui répondit Confu-

cius, ne soyez point avide de richesses, & bientôt on ne pourra
porter les peuples au larcin, même
en leur proposant des récompenses.

23. Mais, ajouta le ministre, si
je faisois mourir ces méchants pour
consolider la vertu des bons ?

Quel besoin a-t-on de carnage
& de tuerie pour gouverner ? reprit Confucius. Seigneur, aimez la
probité, & aussitôt les peuples l'ai-
meront. La vertu des supérieurs est
comme le vent, & celle des infé-
rieurs est comme les herbes ; aussitôt que le vent souffle, elles fleu-
rissent & se courbent.

24. Le disciple Tsu-Cham demandoit à Confucius comment on
pouvoit dire que l'éleve de la sagesse avoit un libre accès par-tout.

Qu'entendez-vous, lui répondit Confucius, par ces mots avoir un libre accès par-tout?

Celui, repartit Tsu-Cham, qui a une grande réputation, en a une bonne au dehors, dans le royaume, dans la maison, parmi ses parents; il a cette bonne réputation par-tout.

Mais, dit Confucius, avoir une bonne réputation n'est pas avoir un accès libre & facile auprès de tout le monde.

25. Pour avoir un libre accès par-tout, il faut avoir un caractere droit, aimer l'équité, écouter attentivement ce que les autres disent, examiner secrètement leur visage, & s'estimer moins que les autres. Un homme doué de ces qualités est

celui qui a véritablement un accès libre auprès de tout le monde, soit au dehors dans tout le royaume, soit chez lui, parmi ses parents.

26. Au contraire, celui qui n'aspire qu'à une bonne réputation, qui ne s'app que qu'à se donner l'apparence de la droiture & de la piété dont il viole toutes les loix dans sa conduite; qui, dans ses liaisons & dans le commerce avec les autres, n'a ni discrétion ni modestie, & qui ne balance point à s'ériger en maître; celui-là, dis-je, a pour l'ordinaire de la réputation chez lui, parmi ses parents, & au dehors dans le royaume.

27. Le disciple Fan-Chi, ayant suivi Confucius qui se promenoit au midi de la ville d'Yen - Cheu

dans un lieu nommé *Vu-Yu* sous un bosquet, lui demanda quels étoient les moyens d'augmenter sa vertu, de réprimer les mauvaises affections de son cœur, & de discerner les erreurs de son esprit.

Vous me faites une belle question, lui dit Confucius ; recevez-en donc la réponse.

Faire son capital de pratiquer la vertu, & ne regarder que comme un accessoire l'effet de la vertu, n'est-ce pas accroître sa vertu ? Attaquer courageusement ses défauts, & ne pas censurer mal-à-propos ceux des autres, n'est-ce pas réprimer ses mauvaises affections ? Enfin n'est-ce pas la plus grande des erreurs de l'esprit que d'oublier sa vie & se donner volontairement la mort au préjudice de ses parents par un mouvement subit de colere & d'impatience ?

28. Qui peut-on appeller un homme pieux ? disoit Fan-Chi.

Celui qui aime les autres, répondit Confucius.

Et l'homme prudent, quel est-il ? ajouta Fan-Chi.

Celui qui connoît les autres, dit Confucius. Et voyant que Fan-Chi ne l'entendoit pas parfaitement, il ajouta : Celui qui éleve aux charges les hommes droits & qui laisse les méchants sans emploi, parviendra bientôt à faire des méchants autant d'hommes droits. Le premier, ajoute l'interprete, est l'effet de la prudence, & le second celui de la piété.

Y

29. Fan-Chi ne comprit pas davantage la réponse de son maître. A son retour il aborda son condisciple Tsu-Hia, & après l'avoir salué, lui dit les questions qu'il avoit faites à Confucius & les réponses qu'il en avoit reçues, le priant de lui expliquer ce que Confucius entendoit lorsqu'il lui avoit dit : « Si « l'on éleve aux charges les bons & « qu'on laisse les méchants sans em- « ploi, les méchants deviendront « bientôt bons. »

Voilà, dit Tsu-Hia, une profonde sentence. Lorsque l'empereur Y-A-O régnoit, il choisit parmi tous les grands de sa cour Kau-Yao pour l'élever à la suprême dignité de premier ministre. Dès ce moment tout le monde ayant embrassé la vertu, tous les méchants parurent exilés. La même chose arriva dans la suite sous le regne de Chim-Tam lorsqu'il éleva Y-In à la dignité de premier ministre. Aussitôt tout le monde entra dans la carriere de la vertu, & l'on auroit dit que l'on avoit exilé tous les méchants.

30. Tsum-Kum demanda à Confucius quelles étoient les loix de l'amitié.

Si votre ami fait une faute, répondit Confucius, avertissez-le avec amitié; si vos avis sont inutiles, cessez d'en donner, pour ne vous pas attirer une injure ou du déshonneur.

31. Le disciple Tsu-Lu disoit: Le sage est en société avec ses amis par la culture des lettres, & le com-

merce de ses amis soutient sa piété
ou sa vertu.

ARTICLE XLII.

*Instructions pour bien gouverner.
Qualités & vertus nécessaires
pour former l'homme pieux &
sage.*

1. LE disciple Tsu-Lu demanda à
Confucius quelle étoit la meilleure
maniere de gouverner.

Confucius lui répondit : Pour apprendre à bien vivre, vivez bien
vous-même; pour rendre les autres
laborieux, soyez-le vous-même.

Que faut-il de plus ? reprit Tsu-
Lu.

Faire ces deux choses avec une
constance infatigable, ajouta Confucius.

2. Cham-Kum, étant gouverneur d'une ville qui étoit dans le département de Ki, premier ministre de Lu, demanda à Confucius son maître quelle étoit la meilleure maniere de gouverner : Avant tout, lui dit Confucius, distribuez à chacun son office & son travail ; pardonnez facilement les fautes légeres ; élevez aux emplois les hommes habiles & sages.

Mais comment pourrai-je les connoître ? dit Cham-Kum.

Commencez, répliqua Confucius, par élever aux charges ceux que vous connoissez ; croyez-vous qu'ils oublieront ceux que vous ignorez, & qu'ils ne vous feront pas connoître leur habileté & leur sagesse ?

3. Lin-Kum, roi de Guéi, avoit un fils nommé Quay-Vay, qui, ayant offensé grièvement son pere & sa belle-mere, s'étoit retiré dans le royaume de Ceu. Lin-Kum mourut, & Ché, fils de Quay-Vay, fut proclamé roi de Lu. Quay-Vay revint dans sa patrie avec une armée pour monter sur le trône de son pere : il fut battu ; & son fils, maître paisible du royaume, prenoit dans tous les actes publics le nom de fils de Lin-Kum, qui étoit son aïeul & non pas son pere. Confucius arriva dans le royaume de Guéi peu de temps après cette révolution, & il y trouva son disciple Tsu-Lu en charge : le disciple alla voir son maître, & après l'avoir salué, lui dit : Il y a long-temps que Ché, roi

de Guéi, vous attend pour vous charger du gouvernement; permettez-moi de vous demander ce que vous exigerez d'abord.

Que la vraie signification des noms, aujourd'hui confondue, soit rétablie, dit Confucius.

Croyez-vous, lui dit Tsu-Lu, que ce point soit fort important? Permettez-moi de vous le dire: il me paroît que votre projet est bien éloigné du véritable objet du gouvernement. A quoi peut servir le soin que l'on donnera au rétablissement du vrai sens des mots?

Vous êtes bien peu instruit, mon cher Tsu-Lu, lui dit Confucius, & vous parlez toujours au hasard, imprudemment & sans discrétion. Au moins le sage fait douter dans les chofes qu'il ne connoît pas. Apprenez donc combien ce que vous jugez peu de chofe eft important.

4. Si l'on ne rétablit pas la vraie fignification des noms, & que l'on ne donne pas à chaque chofe le nom qui lui convient, les mots employés dans les actes publics & dans les ordonnances ne feront pas juftes; fi les mots ne font pas juftes, les affaires ne feront pas bien faites; ou, ce qui revient au même, fi les loix des rites & de la mufique, établies pour régler toutes les affaires & pour unir tous les efprits, ne font pas en vigueur, les punitions ne feront plus proportionnées aux délits; fi les peines ne font plus proportionnées aux délits, les peuples n'auront plus de regle fixe, & ne fauront ni où placer

leur pied ni où appuyer leur main.

5. Le sage, avant de donner un nom, ne doit-il donc pas examiner s'il convient à la chose ? avant de parler ne doit-il pas examiner si ce qu'il dit est praticable ? Voilà pourquoi le sage veille soigneusement pour ne rien dire inconsidérément.

6. Fan-Chi, croyant que l'agriculture étoit sur toutes choses nécessaire au bon gouvernement, dit à Confucius : Je voudrois bien savoir l'art de cultiver les champs ; je vous prie de me l'enseigner.

Adressez-vous à ces vieux laboureurs, lui dit Confucius ; ils vous apprendront bien mieux que moi cet art que je suis bien éloigné de connoître comme eux.

Apprenez-moi du moins l'art

de cultiver un jardin, reprit Fan-Chi.

Ces vieux jardiniers, répliqua Confucius, connoissent cet art beaucoup mieux que moi ; c'est à eux qu'il faut vous adresser pour l'apprendre.

Fan-Chi sortit, & Confucius dit à ceux qui restoient : Que ce Fan-Chi est bien un petit homme ! & il continua de parler ainsi :

7. Si un prince aime l'honnêteté, il n'y a personne qui ne l'honore & qui ne le révere, personne qui ne lui obéisse volontiers & avec empressement ; s'il aime la vérité, il sera aimé véritablement de tout le monde : alors les peuples, attirés des quatre parties de l'empire, chargent sur leurs épaules les petits

enfants encore au maillot, & viennent dans ſes états pour y habiter.
A quoi donc ſert à un prince la
ſcience du laboureur, & de cultiver
la terre de ſes propres mains ?

8. Un homme peut ſavoir parfaitement par cœur les trois cents
articles du livre des poéſies : mais à
quoi cela ſert-il s'il ne ſait pas appliquer au gouvernement les connoiſſances accumulées dans ſa mémoire : ſi, lorſqu'on l'envoie en
ambaſſade, il ne peut faire de lui-
même aucune réponſe, à quoi lui
ſert ſa mémoire ?

9. On prévient les ordres du ſupérieur qui a de la droiture, & l'on
n'obéit pas au ſupérieur ſans droiture lors même qu'il commande.

10. Les deux royaumes de Lu &

de Guéi avoient été fondés par Cheu-Kum & par Xam-Xu, fils du prince Ven-Vam. Confucius, en déplorant le gouvernement de ces états, difoit qu'ils étoient véritablement freres par leur gouvernement.

11. Il y avoit eu auparavant dans le royaume de Lu un premier miniftre dont Confucius parloit ainfi : Kum-Tfu-Kien connoifsoit merveilleufement l'art de vivre paifiblement : il fut un temps où il avoit à peine de quoi fe nourrir & fe vêtir ; il commençoit fa fortune ; cependant il difoit avec gaieté : J'ai amaffé affez de richeffes. Ayant dans la fuite un peu augmenté fes facultés, il difoit : Je regorge de richeffes. Enfin ayant acquis une for-

tune médiocre, il difoit : Je fuis
parfaitement riche & je ne peux le
devenir davantage.

12. Confucius alloit au royaume
de Guéi dans fon char conduit par
fon difciple Gen-Yen : voyant une
grande affluence de peuple, il dit :
Que cette nation eft nombreufe !
Gen-Yen lui dit : Que doit faire un
prince qui a tant de fujets ? Il faut
d'abord qu'il les enrichife , répondit Confucius. Et lorfqu'il les aura
enrichis , que faut - il qu'il fafse ?
ajouta Gen-Yen. Qu'il les inftruife,
repartit Confucius.

13. Confucius, fâché de voir le
royaume de Guéi fi mal gouverné,
difoit: Certainement fi le roi vouloit
m'employer feulement un an, j'efpe-
re que je ferois changer fon royaume

de face ; & s'il m'employoit trois ans, je crois que je pourrois bien lui promettre de rétablir tout ce qui appartient aux vrais principes des mœurs & du gouvernement.

14. Confucius difoit : Selon un ancien proverbe, *fi un bon prince pouvoit régner cent ans, il n'y a pas de peuple qu'il ne puiffe civili-fer & gouverner par la probité feule & fans le fecours des châtiments.*

Que cette maxime eft vraie ! a-joutoit Confucius.

15. Confucius difoit : Un prince qui arriveroit au trône étant déja fa-ge, auroit cependant encore befoin au moins de trente ans pour con-duire fes peuples à une honnêteté de vie & à une piété parfaite.

16. Si un roi a de la droiture,

quelle peine aura-t-il à rendre fes miniftres droits ? S'il eft déréglé, comment pourra-t-il rendre les autres réglés ?

17. Gen-Yen, difciple de Confucius, étoit gouverneur d'une ville foumife à Ki, premier miniftre du royaume de Lu. Il fortit de chez le miniftre fort tard, & alla voir Confucius, qui lui dit: Pourquoi fi tard aujourd'hui ? J'étois, dit Gen-Yen, à délibérer fur une affaire qui concerne le royaume. C'eft-à-dire le royaume de Ki, reprit Confucius : car s'il eût été queftion d'une affaire du royaume de Lu, j'en aurois entendu parler, quoique je ne fois plus dans les charges.

18. Tim-Kum, roi de Lu, demanda à Confucius fi l'on pouvoit

dire dans un mot la maniere d'élever un royaume à une grande gloire.

On ne peut répondre à cette
queſtion avec une certitude ſuffi-
ſante en un ſeul mot, dit Confucius. Au reſte, on dit communément aujourd'hui qu'*être roi eſt une
charge difficile, & qu'être miniſtre
n'eſt pas une choſe facile.* En diſant
donc, que le roi ſache qu'il eſt difficile de ſoutenir le poids de la royau-
té, ne ſeroit-ce pas déterminer avec
aſsez de certitude, & en un ſeul
mot, la maniere d'élever un royaume à une grande gloire?

19. Pourroit-on auſſi exprimer
en un ſeul mot la maniere de réduire un royaume à une grande mi-
ſere? ajouta Tim-Kum.

Il n'est pas possible non plus de déterminer cette maniere en un seul mot. Au reste, on dit encore communément : *Je ne desire certainement pas d'être roi ; mais si je l'étois, je voudrois que personne n'osât s'opposer à aucune des paroles que je dirois.*

Cela est à merveille si le roi ne commande que des choses justes. Mais n'est-ce pas exprimer en un seul mot la maniere de réduire un royaume à une grande misere, que de dire : elle consiste *en ce que personne ne puisse s'opposer au roi lorsqu'il commande des choses injustes ou mauvaises ?*

20. Xe-Kum, premier ministre de Tsong, s'entretenant avec Confucius sur les moyens de gouver-

ner, Confucius lui dit : Faites en
forte que les peuples voifins defirent
d'être gouvernés par vous, & que
ceux qui font éloignés viennent à
vous.

21. Le difciple Tfu-Hia, préfet
de la ville de Kiu-Fu, pria Confucius de lui dire comment il pourroit gouverner le mieux qu'il feroit
poffible.

Gardez-vous bien de vouloir
que les chofes fe fafsent fur-le-
champ, lui dit Confucius, & ne
defirez pas avec paffion un petit pro-
fit : car celui qui veut que les chofes fe fafsent fur-le-champ, ne peut
pas les examiner afsez ; & celui qui
defire paffionnément un petit pro-
fit, manque les grandes chofes.

22. Xe-Kum, premier miniftre

de Tsou, en conversant avec Confucius, lui disoit : Certainement il
y a dans ma patrie des hommes
d'une droiture admirable : il y a
quelques jours qu'un particulier
vola avec beaucoup d'adresse & de
secret un mouton ; son fils alla sur-
le-champ déclarer le vol de son
pere.

Confucius lui dit : Dans ma patrie, les hommes droits sont bien
différents, car le pere cache les fautes du fils & le fils celles du pere ; &
certainement cela est conforme aux
principes de la vraie droiture.

23. Le disciple Fan-Chi prioit
Confucius de lui enseigner la maniere de parvenir à la piété.

La voici, répondit Confucius :
Ayez de la modestie dans la solitu-

de, de la diligence dans les affaires, de la sincérité dans le commerce de la vie ; gardez-vous bien de négliger ces vertus, même au milieu des nations barbares.

24. Le disciple Tsu-Kum demanda à Confucius quel étoit celui que l'on pourroit dire élevé à la sagesse.

C'est, lui dit Confucius, celui qui aime l'honnêteté, qu'une mauvaise action fait rougir, qui, envoyé en ambassade dans quelque royaume que ce soit, ne déshonore point le choix de son prince.

Mais, reprit Tsu-Kum, les hommes de ce mérite sont rares ; je vous demande s'il n'y en a pas d'un ordre un peu moins élevé.

On peut mettre dans la seconde

clafse des difciples de la fagefse,
dit Confucius, celui que toute fa
famille reconnoît fidele à remplir
les devoirs de la piété filiale, & qui,
au jugement de fes concitoyens,
refpecte fes fupérieurs.

- Me permettrez - vous de vous
faire encore une queftion? dit Tfu-
Kum : Y a-t-il une troifieme clafse,
& qui font ceux que l'on peut y ad-
mettre?

Confucius lui dit : On pourroit
peut-être former une troifieme clafse
de difciples de la fagefse, & y ad-
mettre celui qui veut opiniâtrément
remplir fes promefses, & qui n'a
pas moins d'opiniâtreté pour finir
ce qu'il a commencé, quoique cette
fermeté de rocher foit pourtant le
caractere d'un petit homme.

J'oserai vous faire une derniere queſtion, dit Tſu-Kum : Et ces mi-niſtres qui gouvernent aujourd'hui, que ſont-ils donc ?

Hélas ! dit Confucius en ſoupi-rant, comment pourroit-on mettre au nombre des diſciples de la ſa-geſſe ces petits vaſes étroits, ces petits mannequins, ces petits hom-mes, ces diſeurs de riens?

2 5. Puiſque j'ai des diſciples qui ne ſuivent pas le milieu immua-ble, diſoit Confucius, ne ſeroit-il pas à propos de ſéparer, pour les inſtruire, ceux qui deſirent de faire plus qu'ils ne font, ou ceux qui font plus qu'ils ne ſavent? Ceux-là pren-nent toujours leurs regles de con-duite dans les plus grands modeles, & ceux-ci craignent toujours de

faire quelque chose qui soit contraire à la raison. Ne pourrois-je
pas par ce moyen conduire peu-à-
peu les uns & les autres au milieu
immuable ?

26. Les habitants des provinces
du midi disent : « L'homme incons-
« tant est si peu de chose, qu'il
« n'est pas même capable d'être ma-
« gicien ou médecin. »

Belle maxime ! disoit Confucius,
& justifiée par le Chi-king qui dit :
« Celui dont la vertu n'est pas cou-
« ronnée par la persévérance, finit
« par l'opprobre. »

Celui qui n'approfondit pas ce
passage ne s'attache qu'à l'écorce
des mots ; mais celui qui l'approfondit découvre en lui-même une
infinité de défauts.

27. Confucius difoit : Le commerce du fage convient à tout le monde, quoiqu'il ne foit pas le même avec tout le monde. Au contraire, le commerce de l'infensé eft le même avec tout le monde, & ne convient pas à tout le monde.

28. Le difciple Tfu-Kum dit à Confucius : Suppofons un homme aimé de tous fes concitoyens, peut-on le mettre au nombre des fages ?

Point du tout, répond Confucius.

Eh bien ! reprend Tfu-Kum, fuppofons un homme que tous fes concitoyens haïfsent, peut-on le regarder comme un fage ?

Pas davantage, dit Confucius. Pour le mettre au nombre des fages, il faut qu'il foit aimé de tous

les bons & haï de tous les méchants.

29. Confucius disoit : Il est facile de servir un sage & difficile de
lui plaire, car on ne peut lui plaire
si l'on manque d'équité ; mais lorsqu'il exige quelque chose des autres, il se proportionne toujours à
leurs forces.

Au contraire, il est bien difficile
de servir un insensé & très facile de
lui plaire. Si vous entreprenez de lui
plaire par l'injustice, vous réussirez
sur-le-champ ; mais lorsqu'il commande, il veut que tout soit dans
la perfection.

30. Le sage est magnifique sans
orgueil, & l'insensé est orgueilleux
sans magnificence.

31. Un homme courageux, cons-

tant, sincere, silencieux, n'est pas
fort éloigné du chemin de l'équité
& de la droiture du cœur.

32. Le disciple Tsu-Lu demandoit à Confucius à quels traits on
pouvoit reconnoître un disciple de
la sagesse.

On peut, dit Confucius, regarder comme un disciple de la sagesse
celui qui est sincere dans ses affections, prompt à encourager, affable & enjoué; je dis sincere dans ses
affections par rapport à ses amis &
avec ses sociétés, honnête & enjoué avec ses parents.

33. Si un bon prince instruit son
peuple seulement pendant sept ans,
il pourra bien combattre, parcequ'il sera fidele & droit.

34. Ne pas apprendre à ses peu-

ples l'art militaire, c'eſt lés perdre avec ſon royaume.

ARTICLE XIV.

Devoirs du ſage. Providence du ciel ſur les royaumes. Caractere de l'homme parfait Conduite & qualités d'un miniſtre. Vertus du ſage.

1. LE diſciple Yuen-Hien demanda à Confucius ce qu'il croyoit de plus honteux pour un miniſtre.

C'eſt, dit Confucius, de ne ſonger qu'à ſe faire payer & à dépenſer ſes appointements ſans ſe ſoucier que le royaume ſoit bien ou mal gouverné.

2. Peut-on dire qu'un homme eſt pieux, ajouta le diſciple, lorſ-

qu'il n'eſt ni ambitieux, ni vain, ni avare ?

On peut bien dire, répondit Confucius, qu'il fait une choſe difficile ; mais s'il eſt pieux, je n'en ſais rien, car la piété eſt cachée au fond cœur.

3. Lorſqu'un royaume eſt floriſſant, le ſage doit agir & parler avec magnanimité ; lorſqu'il eſt corrompu & avili, il doit toujours agir avec magnanimité, mais parler avec réſerve.

4. Un homme fort occupé de la commodité de ſon habitation n'eſt point un diſciple de la ſageſſe.

5. Celui qui a la vertu dans le cœur la fait auſſitôt paroître dans ſes diſcours ; mais celui qui fait paroître de la vertu dans ſes diſcours,

ne l'a pas pour cela dans le cœur :
& celui qui a la piété dans le cœur
fait aussitôt paroître de la force dans
ses actions ; mais celui qui fait paroître de la force dans ses actions,
n'a pas pour cela la piété dans le
cœur.

6. Le disciple Nam-Yum dit à
Confucius : Y, roi d'Yen-Kum, é-
toit si habile dans l'exercice des armes & dans l'art de la guerre, qu'il
se rendit maître de tout l'empire.
Han-So, son premier ministre, a-
voit un fils nommé Ngao, dont la
force étoit si prodigieuse, qu'il ti-
roit lui seul une barque hors de
l'eau. Cependant ces deux hommes
si forts ne purent suivre afsez bien
l'ordre de la providence pour mourir d'une mort naturelle. Le prince

Y fut afsafsiné par Han-So fon perfide miniftre, qui lui fuccéda; & Ngao, après la mort de fon pere, fut puni du dernier fupplice par l'empereur Xao-Kam, héritier de la famille impériale des Hia.

Au contraire, le prince Yu & le prince Cié, qui s'étoient appliqués, l'un au defséchement des terres, l'autre à l'agriculture, parvinrent à l'empire, & le conferverent. Le premier fuccéda à Chun, & le fecond fut la tige de la famille impériale des Cheu.

Comment eft-il arrivé, je vous prie, que cet Y & ce Ngao, qui étoient très forts & très courageux, ont perdu la vie & l'empire; & qu'au contraire Yu & Cié, qui étoient moins forts & moins puifsants, font

parvenus à l'empire, & l'ont con-
fervé?

Nam-Kum-Quo, fans le dire
exprefsément, faifoit voir par ces
queftions que c'étoit à la vertu &
non à la force que la providence
confervoit l'empire. Confucius ne
lui répondit rien; mais lorfqu'il fut
forti il s'écria : Où trouvera-t-on
un homme auffi fage que Nam-
Kum-Quo? où trouvera-t-on un
auffi jufte appréciateur de la vertu?

7. Il eft poffible que le fage bleffe
légèrement de temps en temps les
loix de la piété; mais vous ne voyez
point d'infensé les fuivre fincère-
ment, même de temps en temps.

8. Un pere qui aime fon fils ne
peut-il pas le corriger s'il lui voit
commettre une faute ? Un fidele

miniftre ne peut-il pas éclairer un roi qui fe trompe ?

9. Le royaume de Chin, quoique très petit, fe conferve très bien par la fagefse de fes miniftres. Par exemple, lorfqu'il faut envoyer un ambafsadeur, quatre miniftres concourent pour compofer le diplôme de l'ambafsade. Le prudent Tien drefse les articles ; l'habile Xi-Xo en développe l'efprit ; le difert Tfu-Yu lui donne la grace & y met de l'ordre ; l'éloquent Tfu-Cheu l'embellit des ornements de l'éloquence.

10. Un particulier demandoit à Confucius ce qu'il penfoit du prince Tfu-Si, frere & premier miniftre du roi de Tfou, qui permettoit qu'on l'appellât roi.

‘Confucius ne lui dit rien autre chofe, finon : *Cet homme en effet*, fans l'approuver ni le blâmer.

11. Un autre lui demanda ce qu'il penfoit du miniftre Tfu-Cheu qui étoit afsez rigide obfervateur de la juftice.

Cet homme, dit Confucius, eft bienfaifant envers le peuple.

12. Un troifieme lui demanda ce qu'il penfoit du miniftre Quon-Chum qui avoit été d'un grand fe-cours au roi de Cy pour pacifier les troubles de fon royaume.

Il falloit, répondit Confucius, que cet homme eût un talent mer-veilleux pour gagner les efprits : car le roi Von Kum ayant dépofé Pé, premier miniftre de fon pere, & lui ayant ôté la ville de Pien qu'il lui avoit donnée, l'accorda à Quon-Chum. Depuis ce temps Pé fut réduit à une si grande pauvreté, qu'il avoit à peine afsez du plus mauvais riz pour fe nourrir. Cependant on ne lui a pas entendu proférer une parole d'impatience ou de colere contre Quon-Chum.

13. Il eft très difficile que le pauvre ne s'irrite pas : il eft plus facile au riche de ne pas s'enorgueillir.

14. Mem-Kum-Cho, premier miniflre de notre royaume, avoit afsez, & même plus qu'il ne falloit, de force & d'habileté pour être un bon adminiftrateur des illuftres maifons du royaume de Cim, de Chéo & de Guéi; mais il n'en a pas assez pour être premier miniftre de Tem ou de Sié, quelque petits que foient ces royaumes.

15. Le disciple Tsu-Lu demanda à Confucius ce qu'il falloit pour qu'un homme fût parfait.

Confucius lui répondit : Il faut qu'il ait la sublime perspicacité du ministre Tsam-Vu-Chum, la singuliere tempérance du ministre Mem-Kum-Cho, le courage intrépide de Chum, gouverneur de la ville de Pien ; qu'ensuite il regle toutes ses vertus selon les loix des rites de la musique, de maniere qu'elles soient toujours dans le milieu ; alors on pourra dire qu'il est un homme accompli.

16. Mais qu'a-t-on besoin de cette sublime perfection pour être regardé comme un homme accompli ? Pour obtenir ce titre aujourd'hui il suffit de ne pas être injuste, de s'ex-

poſer aux dangers pour la patrie ou pour la juſtice, & de ne pas oublier ſes promeſſes.

17. Kum-Xo-Ven, premier miniſtre du royaume de Guéi, étoit ſilencieux, modeſte & déſintéreſſé. Confucius, parlant avec un citoyen de ce royaume, nommé Kum-Mim-Kia, lui dit : J'ai oui aſſurer que votre premier miniſtre ne parle point, ne rit point, & ne reçoit rien de qui que ce ſoit ; dites-moi, je vous prie, ſi cela eſt vrai.

Celui qui vous a fait ce rapport exagere, répondit Kum-Mim-Kia. Notre miniſtre parle quand il le faut, & de maniere que ceux qui l'écoutent ne mépriſent point ſes paroles : il rit lorſque la circonſtance le demande, & perſonne ne trouve son rire déplacé : il reçoit lorsque l'équité exige qu'il reçoive, & personne ne trouve mauvais qu'il reçoive.

Mais cela est-il exactement comme vous me le dites ? ajouta Confucius.

Exactement, répondit Kum-Mim-Kia.

Comment, je vous prie, est-il arrivé à cette perfection ?

18. Un certain Tsum-Vu-Chum, premier ministre de Lu, ayant commis un crime d'état, s'enfuit de la ville de Fam qu'il tenoit en fief, & passa dans le royaume de Chi : il en revint quelque temps après avec des troupes dans la ville de Fam, d'où il envoya des députés au roi de Lu pour le vouloir bien instituer, ses en-

fants & fa poftérité héritiers de la ville de Fam ; il l'obtint, y laiſsa fon fils, & repaſsa dans le royaume de Chi.

Confucius, en parlant de cet é-vénement, diſoit : Quoique le mi-niftre Tfum-Vu-Chum, en deman-dant au roi l'hérédité de la ville de Fam, ait dit je ne veux pas forcer le roi de m'accorder ma demande, je n'en crois pourtant rien.

19. Van-Kum, roi de Cy, & après fa mort, Ven-Kum, roi de Cin, rendirent de grands ſervices à la famille impériale des Cheu pour faire rentrer dans l'obéiſsance les rois de l'empire, & on leur donna pour cela le nom de *Pa*, c'eft-à-dire chef ou archonte des rois.

Confucius, en parlant de ces

deux *Pa*, difoit : Ven - Kum employoit l'artifice, & alloit à fon but
par des voies obliques. Le roi Van-
Kum traitoit toujours de bonne foi,
avec droiture & fans artifice, &
par conféquent il étoit bien fupé-
rieur à Ven-Kum.

20. Siam-Kum, roi de Cy, gou-
vernoit mal ; fon neveu fe révolta,
leva des troupes, & lui fit la guerre.
Le prince Si-Ao-Pé, qui fut dans la
fuite Van-Kum, & le fils aîné de
Siam - Kum, fe retirerent avec le
premier miniftre Pa-Xu-Ya dans les
états du roi de Kiu. Cependant
Siam-Kum fut afsaffiné : fon fecond
fils Kum-Tfu-Kieu fe retira dans le
royaume de Lu avec les deux principaux miniftres Quon - Cham &
Cheu. Après la mort du parricide,

les deux freres rentrerent dans le royaume de Cy chacun avec une armée. On en vint aux mains ; Van-Kum remporta la victoire, & força le roi de Lu de faire mourir son frere, & de lui envoyer enchaînés les deux ministres Quon-Cham & Chao-Ho qui avoient pris les armes contre lui pour son frere. Chao-Ho, qui en fut instruit, s'étrangla : Quon-Cham arriva seul chargé de chaînes. Peu de temps après, Van-Kum lui fit ôter ses chaînes, &, par le conseil de son fidele ministre Pa-Xo-Hia, l'éleva à la dignité de premier ministre.

Le disciple Tsu-Lu parloit de cet événement avec Confucius, & lui disoit : Le roi Von-Kum força le roi de Lu de faire mourir son frere

Kum-Tſu-Kien, & de lui envoyer chargés de chaînes les miniſtres Quon-Cham & Chao-Ho qui a-voient pris les armes contre lui. Chao-Ho aima mieux mourir que de ſe voir chargé de chaînes, & s'é-trangla. Quon-Cham n'eut pas le courage de mourir pour Kum-Tſu-Kien ſon prince. Ne peut-on pas dire qu'il a manqué à la piété & à la fidélité qu'il devoit à ſon prince?

Confucius lui dit : Le roi Von-Kum a fait rentrer dans l'obéiſſance tous les rois qui s'étoient ſoulevés & qui déchiroient l'empire ; il a opéré cette grande & heureuſe ré-volution non par des batailles & les armes à la main, mais par la force de l'équité & de la piété : or il dut & ce projet & ſon ſuccès au génie

& à l'habileté de ce ministre Quon-Cham. Dites-moi, je vous prie, en qui vous trouvez autant de piété envers sa patrie ? dites-le moi.

21. Mais le ministre Quon-Cham n'a-t-il pas au moins manqué à la piété & à la fidélité qu'il devoit à son prince ? reprit Tsu-Kum. En effet, le roi Von-Kum fit mourir son frere Kum-Tsu-Kien. Or le ministre Quon-Cham, non seulement ne meurt pas pour son prince, il devient encore le premier ministre de son meurtrier.

Ignorez-vous, lui dit Confucius, les services que Quon-Cham a rendus à sa patrie ? Ce fut par le moyen de ses conseils & de son habileté que Von-Kum devint le chef des rois, & qu'il obligea le fougueux

roi de Tſou de ſe ſoumettre à l'empereur, & qu'il rétablit l'ordre &
la paix dans tout l'empire. Depuis
cette époque tous les peuples jouiſ-
ſent des fruits de ſa piété & de ſa
ſageſse ; car ſi le miniſtre Quon-
Cham n'eût pas été au monde, on
nous verroit, comme les autres nations barbares, porter une touffe
de cheveux, qui, du derriere de la
tête, nous pendroit ſur les épaules,
& un habit retrouſsé du côté gau-
che.

Quant à ce que vous dites, qu'il
n'eſt pas mort pour ſon prince, je
crois qu'il a bien fait : falloit-il
donc qu'il imitât ces petits hommes
& ces petites femmes mépriſables,
qui, pour s'acquérir la réputation
d'avoir gardé une inutile fidélité,

se précipitent dans les canaux & font enfevelis dans les eaux avec leurs noms ?

22. Kum-Xo-Ven, premier miniftre de Guéi, avoit pour intendant un particulier nommé Chuen, homme fage & habile : il propofa au roi de le lui donner pour afocié dans le premier miniftere ; il l'obtint, & Chuen montoit au palais l'égal de fon ancien maître. Kum-Xo-Ven eut après fa mort le titre de *droit*, *bienfaifant*, *clairvoyant* ou *parfait*. Lorfque Confucius l'apprit, il dit : Ce miniftre étoit certainement très digne de tous ces titres.

23. Dans une converfation, Confucius parla du mauvais gouvernement de Lim-Kum, roi de Guéi ; il

en parloit en préfence de Ki-Kum,
premier miniftre de Lu, qui lui dit:
Si cela eft, pourquoi ne perd-il pas
fon royaume & fa dignité?

Il ne les perd pas, répondit Confucius, parcequ'il emploie dans l'adminiftration Chum-Xo-Yn pour
recevoir les ambafsades, Cho-To
pour diriger la falle des ancêtres,
Van-Sum-Kin pour le miniftere de
la guerre. Voilà pourquoi il n'eft
pas dépouillé de fon royaume & de
fon titre de roi.

24. Celui qui promet téméraire-
ment tient difficilement fes promefses.

25. Chin-Chim, premier miniftre de Cy, projetta une révolte;
Kim-Kum, roi de Cy, en fut informé, & chargea Keu-Chi, fon

premier miniſtre, de tuer le traître. Celui-ci en eut quelque ſoupçon, & tua le miniſtre & le roi.

Confucius n'a pas plutôt appris cet événement, qu'après s'être préparé par l'abſtinence & par le bain, il ſe rend au palais, & dénonce ce crime à Ngay - Kam, roi de Lu. J'apprends, lui dit-il, que le traître Chin-Chim a porté une main ſacrilege ſur ſon prince, & l'a aſſaſſiné. Prince, vengez un crime auſſi atroce.

Allez en parler à mes trois principaux miniſtres qui ſont chargés de tout ce qui concerne le gouvernement, dit le roi.

Cette réponſe déplut à Confucius; il ſortit du palais en diſant: Quoique je ne ſois plus en charge,

cependant je tiens le premier rang
après les premiers préfets ; je ne
pouvois par conséquent me dispen-
ser de dénoncer au roi le crime de
Chin - Chim. Comment reçoit - il
cette dénonciation ? en me difant
de la faire à fes trois premiers miniftres. Qu'eft-ce donc que cela ?

26. Cependant Confucius obéit ;
il va chez les trois premiers miniftres, leur raconte le fait, les avertit
de leur devoir, & les excite à une
jufte vengeance : mais il reçoit pour
toute réponfe, que cela n'eft ni ex-
pédient ni poffible.

Confucius leur dit alors : Quoique je ne fois point en charge, cependant comme je tiens le premier
rang après les miniftres, je n'ai pu
me difpenfer de déférer ce crime.

27. Le disciple Tsu-Lu demanda à Confucius comment un premier ministre doit servir son roi.

Qu'il ne le trompe jamais, répondit Confucius, mais qu'il l'avertisse courageusement de ses fautes.

28. Le sage approfondit les grandes choses, & l'insensé les petites.

29. Les anciens s'appliquoient à l'étude de la sagesse pour eux-mêmes, & les modernes pour les autres ; les anciens pour connoître la vérité & pour pratiquer la vertu ; les modernes pour acquérir de la célébrité, des honneurs & des richesses.

30. Ki-Pé-Yu, premier ministre de Guéi, avoit très bien reçu Confucius : lorsqu'il fut de retour dans

le royaume de Lü, le ministre envoya savoir de ses nouvelles ; Confucius reçut poliment les envoyés, les fit asseoir, & leur dit : Que fait présentement votre maître ? Notre maître, répondirent les envoyés, tâche tous les jours de diminuer ses fautes ; mais il ne peut arriver à la fin qu'il se propose. Lorsqu'ils furent sortis, Confucius dit : Qu'il est bon & agréable de recevoir de semblables envoyés ! qu'il est beau de recevoir ces envoyés !

31. Le sage ne cherche point à régler ce qui n'appartient point à son office.

32. Sur cette sentence de Confucius, Tsum-Tsu cita ce passage du *King :* « Les pensées du sage ne s'é-

« garent point hors des limites de
« sa condition. »

33. Le sage rougit d'en dire plus
qu'il n'en fait.

34. La perfection du sage renferme trois vertus ; mais jusqu'ici je
n'ai pu en acquérir aucune. Le sage
est pieux sans tristesse, savant sans
erreur, courageux sans foiblesse.

Tsu-Kum, entendant ces réfle-
xions de Confucius, dit : Notre maître, en voulant décrire la perfection
du sage, s'est peint fidèlement lui-
même.

35. Tsu-Kum avoit l'habitude
de comparer entre eux ses condis-
ciples, ou les autres hommes, & de
les juger : Confucius, après l'avoir
écouté, lui dit : Il faut convenir

que mon difciple Tfu-Kum eft un
illuftre & grand difciple de la fa-
geffe ; car j'avoue que je ne m'occupe point à examiner les mœurs &
la vie des autres, ayant à peine afsez
de temps pour m'étudier & me connoître moi-même.

36. Le fage n'eft point fâché
d'être inconnu aux hommes, mais
de ne pas connoître toutes les véri-
tés, & de ne pouvoir acquérir toutes
les vertus.

37. Le fage ne préfume point
qu'un autre veut le tromper, & ne
préfuppofe pas qu'un autre forge
des calomnies contre lui ; mais s'il
eft expofé à l'un ou à l'autre, il l'apperçoit auffitôt par une efpece d'intérêt, comme on apperçoit dans un
miroir que l'on a devant les yeux

les objets aussitôt qu'ils lui sont ex-
posés.

38. Confucius, en parcourant
les différentes provinces de la Chine, rencontra un vieillard qui lui
dit : Pourquoi courir ainsi çà & là
pour répandre votre doctrine ? pourquoi vous opiniâtrer si fortement à
ce projet ? c'est vouloir faire le parleur.

Je n'oserois, lui dit Confucius,
entreprendre de faire le parleur,
mais je hais un homme opiniâtre
dans son sentiment. C'étoit un reproche secret que Confucius faisoit
à ce vieillard sur son opiniâtreté à
mener une vie privée.

39. Ce fameux cheval *Ki* n'a
pas été célébré pour sa force, mais
pour ses autres qualités. Il en est
ainsi du sage.

40. Un particulier diſoit à Confucius : Il y a un homme qui me
hait, & je ne réponds à ſa haine que
par du zele ; qu'en penſez-vous ?

Si vous payez la haine par le zele, répondit Confucius, comment
paierez-vous la vertu & les bienfaits ? Quant à ce que je penſe, le
voici. Il faut répondre à la haine
par l'équité, à la vertu par la vertu, à l'amour par l'amour, aux bienfaits par les bienfaits.

41. Pour engager ſon diſciple
Tſum-Kum à lui faire quelque
queſtion, Confucius lui dit : Hélas !
il n'y a perſonne qui me connoiſse.

Pourquoi donc, dit Tſu-Kum,
penſez-vous qu'il n'y a perſonne
qui vous connoiſse ?

Je mene une vie commune, répondit Confucius. Si le ciel ne m'accorde pas ses faveurs, je ne murmure point contre le ciel ; si les hommes me rebutent, je ne me plains point des hommes, & je tâche de m'élever à la connoissance des grandes choses par l'étude des petites : de qui dois-je être connu que du ciel ?

42. Le disciple Tsu-Lu étoit préteur d'une ville dans le ressort du premier ministre Ki-Sum. Un particulier nommé Kum-Pé-Léau lui intenta une accusation devant le ministre Ki-Sum.

Tsu-Fo-Kim-Pé, qui étoit aussi premier ministre, en fut indigné : il se rendit chez Confucius, & lui dit : Le ministre Ki-Sum, séduit par les calomnies de Kum-Pé-Léau, suspecte son préteur Tsu - Lu. Les loix ne permettent pas de laisser vivre un pareil calomniateur ; si vous le voulez j'ai encore assez de force pour le tuer & pour exposer son cadavre devant le palais afin de manifester sa calomnie.

43. Confucius lui dit : Toute la vie du sage ne dépend que de la loi du ciel, & c'est la loi du ciel qui détermine le progrès de sa doctrine ou son peu de succès. Que peut le délateur Kum-Pé-Léau contre la loi du ciel & contre mon disciple ?

44. Il y a quatre choses que le sage fuit ; les charges lorsque l'empire est souillé par le vice ; un pays lorsqu'il est dans le trouble ; le public lorsque le prince est indécent ; la conversation lorsqu'il est inique.

45. Hélas ! dans ces temps malheureux, combien les sages étoient tombés dans l'oubli ! Voilà pourquoi ces sept héros méprisoient les dignités, & menerent une vie privée. Confucius ne dit point quels étoient ces sept sages.

46. Le disciple Tsu-Lu avoit suivi Confucius dans ses voyages : voulant séjourner dans la ville de Xé-Mnen, le garde de la porte lui dit : Qui êtes-vous ? & d'où venez-vous ? Je suis, lui dit Tsu-Lu, de la compagnie de Confucius. N'est-ce pas lui, dit le garde, qui veut faire ce que cependant il sait qu'on ne peut faire ?

47. Confucius, étant dans le royaume de Guéi, jouoit un jour sur le *kim* (instrument de musique) un

air qui exprimoit la triſteſſe de ſon ame; un diſciple caché de la ſageſſe, qui portoit un panier d'oſier, l'entendit, & s'écria : Combien de projets ce joueur de *kim* roule dans ſon eſprit !

48. Mais, ajouta-t-il, ſon opiniâtreté n'eſt-elle pas digne de mépris ? car il ſait très bien qu'il eſt généralement ignoré, & que perſonne n'écoute ſa doctrine. N'eſt-il pas temps qu'il renonce à ſon projet ? Le livre des poéſies dit très bien : « Si un voyageur arrive au « bord d'un fleuve profond, il ſe « déshabille & le paſſe à la nage; « s'il n'eſt pas profond, il le paſſe « à pied en relevant un peu ſes ha- « bits ». C'eſt ainſi que le ſage ſe conduit : il doit voir ce qu'il faut

faire en temps de paix & en temps
de guerre.

49. On rapporta ce difcours à
Confucius, qui dit : On n'eft expofé à aucune difficulté lorfqu'on ne
s'occupe que de foi-même, comme
notre illuftre porteur de panier.

50 Tfu-Kum dit un jour à Confucius : On lit au tome 3 , chapitre
yve-mim des annales de l'empire,
que, fous la dynaftie des Xam,
l'empereur Kao-Tfum-Vu-Tim ,
après la mort de fon pere Si-Au-Yé,
pafsa trois ans entiers dans une ché-
tive cabane fans prendre aucune part
aux affaires du gouvernement. Ex-
pliquez-moi, je vous prie, ce paf-
sage. A qui les miniftres obéifsoient-
ils alors ?

Pourquoi citer en particulier

l'exemple de Kao-Tfum-Vu-Kim ?
dit Confucius ; tous les anciens empereurs ont fait la même chofe. Autrefois, lorfque l'empereur mou-
roit, tous les magiftrats & tous les
miniftres continuoient leurs fonc-
tions pendant trois ans , & obéif-
soient au premier miniftre de l'empire.

51. Un prince qui aime l'honnêteté gouverne les peuples fans difficulté.

52. Tfu-Lu demanda à Confucius quel étoit celui que l'on pouvoit appeller fage.

Celui qui apporte tous fes foins
à bien régler fes mœurs, dit Confucius.

Cela fuffit-il ? reprit Tfu-Lu.

Il faut qu'il regle tellement fes

mœurs, répondit Confucius, qu'il procure le repos & la tranquillité des autres.

Ne faut-il rien de plus ? ajouta Tſu-Lu.

Il faut encore, répondit Confucius, qu'il regle ſi bien ſes mœurs, qu'il puiſſe procurer la tranquillité non ſeulement d'un royaume, mais encore de tout l'empire. Et ſur ce point les très illuſtres empereurs Y-A.O & Chun n'ont pas été ſans inquiétude & ſans ſcrupules.

53. Un nommé Yuen-Jam, ancien ami de Confucius, le reçut impoliment les jambes croiſées & ſans ſe lever. Il ne faut être pareſſeux ni dans l'enfance, ni dans l'âge viril, ni lorſqu'on n'eſt pas encore dans la vieilleſſe, lui dit Confucius ; &

lui frappant les talons avec son bâton, il ajouta : Cela n'est-il pas honteux ? & il l'obligea de se lever.

54. Un jeune homme du bourg
de Kivé-Tam étoit venu à l'école
de Confucius, qui l'envoyoit toujours recevoir les étrangers : un autre disciple jugea que Confucius a-
voit pour lui une affection particuliere, & lui dit : Ce jeune homme
fera sans doute de grands progrès.

De grands progrès ! reprit Confucius ; je le vois toujours prendre
sa place parmi les plus considérables
& marcher avec son maître comme
son égal. Il n'aspire point à faire des
progrès, mais à jouir des préroga-
tives des hommes parfaits ; c'est
pour cela que je le charge de recevoir les étrangers afin qu'il apprenne

D d

les regles de l'urbanité & de la modeſtie.

ARTICLE XV.

*Différentes maximes ſur les vertus
du ſage & ſur l'art de gouvérner.*

1. LIM-KUM, roi de Guéi, eſti-
moit beaucoup plus les talents & les
qualités militaires que les connoiſsances & les vertus néceſsaires pour
bien gouverner. Il demandoit un
jour à Confucius comment on ran-
geoit une armée en bataille.

Confucius lui dit : Je ſais un peu
ce qui concerne les rites ; mais je
n'ai point encore appris ce qui concerne la guerre & les combats. Le
lendemain il partit.

2. Il ſe rendit dans le royaume

de Chim, & y fut réduit à une si grande misere, qu'une partie de ses disciples étoit malade & l'autre exténuée au point de ne pouvoir marcher. Tsu-Lu, le visage enflammé de colere, lui dit : Le sage supporte-t-il donc ce degré de misere ?

Confucius lui répondit : La pauvreté n'altere point la constance du sage, mais elle allume la fureur de l'insensé.

3. Confucius, ayant remarqué que son disciple Tsu-Kum vouloit apprendre trop de choses, lui dit : Mon cher Tsu-Kum, croyez-vous que ce soit par le moyen de l'étude & de la mémoire que j'ai appris ce que je sais ?

Sans doute, reprit Tsu-Kum ; cela n'est-il pas vrai ?

D d ij

Point du tout, reprit Confucius; je n'ai acquis mes connoisances qu'en m'appliquant à une seule chose; c'est la droiture du cœur.

4. Confucius disoit à Tfu-Lu: Mon cher! qu'il y a peu de gens aujourd'hui qui connoifsent la vertu!

5. L'empereur Chum n'a-t-il pas admirablement gouverné l'empire en paroifsant ne rien faire? Car que faifoit-il? rien autre chose que d'exprimer par l'honnêteté extérieure de fes mœurs la vertu intérieure de fon cœur, & de conferver fur le trône la gravité qui convenoit à la majefté de l'empereur.

6. Tfu-Cham demanda à Confucius comment on pouvoit fans difficulté arriver où l'on vouloit.

Confucius lui répondit: Celui

qui eſt vrai dans ſes diſcours, droit dans ſes actions, n'éprouvera aucune difficulté, ſoit qu'il aille chez les nations du midi, ſoit qu'il aille chez les nations du nord, ſoit enfin qu'il aille chez les nations barbares: au contraire, n'éprouvera-t-il pas toutes les difficultés poſſibles avec les habitants de la même ville ou du même bourg s'il n'eſt ni vrai dans ſes diſcours ni droit dans ſes actions?

7. Ainſi lorſque vous êtes en repos, imaginez-vous que vous avez devant les yeux cette véracité & cette droiture. Si vous êtes en voiture, voyez-la ſur le timon: par ce moyen vous n'éprouverez aucune difficulté dans quelque lieu que vous alliez.

Tſum-Kum, pour ne jamais ou-

blier cette leçon, la grava sur sa
ceinture de son habit de cérémonie.

8. Confucius, en parcourant les
différentes provinces de la Chine,
avoit beaucoup fréquenté deux ex-
cellens ministres du royaume de
Guéi, nommés Ly-Yn & Pé-Yu: il
faisoit ainsi leur éloge: Que le ministre Ly-Yn étoit doué d'un esprit
droit! Tant que le bon gouvernement fut en vigueur, il fut droit
comme la fleche; lorsque le bon
gouvernement fut anéanti, il fut encore droit comme la fleche.

Pour Kin-Pé-Yu, tant que le
gouvernement fut bon, il remplit
une magistrature, & abdiqua lorsque le gouvernement fut corrompu,
& mena une vie privée.

9. Ne pas inſtruire celui qui eſt capable d'inſtruction, c'eſt perdre un homme ; inſtruire celui qui en eſt incapable, c'eſt perdre ſes paroles : l'homme prudent ne perd ni un homme ni ſes paroles.

10. Un diſciple courageux de la ſageſſe & un véritable ſectateur de la piété mépriſe la vie, ſi, en la prolongeant, il craint pour ſa piété, & meurt avec joie pour s'élever à la perfection.

11. Tſu-Kum demanda à Confucius ce qu'il falloit faire pour acquérir la piété ou la parfaite droiture du cœur.

Confucius lui répondit : Un ouvrier qui veut faire un ouvrage parfait ſe pourvoit d'abord des inſtruments néceſſaires, & les aiguiſe :

il en est de même du disciple de la sagesse qui vit dans un royaume. Les hommes doivent être comme les instruments par le moyen desquels il se façonne & s'aiguise ; il faut qu'il se serve de la sagesse des premiers ministres en s'attachant à eux comme disciple, & de la piété des hommes honnêtes en les fréquentant comme amis.

12. Le disciple Yen-Yuen demandoit à Confucius ce qu'il falloit faire pour bien gouverner.

Cinq choses peuvent beaucoup contribuer au bon gouvernement, répondit Confucius 1°. Il faut commencer l'année par le mois d'avril suivant l'usage établi par la famille impériale des Hin. 2°. Il faut que les chars soient construits, comme fous la dynaftie des Xam , de bon bois & fans aucun vain ornement. 3°. Il faut que la couronne royale foit telle qu'elle étoit fous la dynaf-tie des Cheu , ni négligée ni trop ornée. 4°. Il faut chanter la mufique parfaite, nommée *Xao-Vu*, qui é-toit en ufage fous l'empereur Cheu. 5°. Il faut bannir le chant trivial du royaume de Chim & les petits maî-tres fanfarons, & qui font les beaux parleurs ; car celui-là eft déshon-nête & ceux-ci font dangereux.

13. Celui qui ne penfe pas de loin à l'avenir eft bien près de la douleur.

14. Hélas ! que peut-on efpérer ? je n'ai point encore vu d'homme fe porter à la vertu avec autant d'ar-deur qu'à la volupté.

15. Tsum-Vem-Chum , premier miniftre de notre royaume de Lu , n'étoit pas l'ennemi, & , fi l'on peut parler ainfi , le brigand de la dignité. Il favoit que Lien-Hia-Haéi fon concitoyen étoit un homme vertueux & fage ; & cependant il n'a jamais proposé au roi de l'élever aux dignités & de l'attirer à fa cour.

16. Si vous êtes févere pour vous, doux & indulgent pour les autres, vous ne ferez haï de perfonne.

17. Celui qui en réfléchifsant ne fe dit pas à lui - même : *Comment ferai-je ceci ou comment ne le ferai-je pas ? comment parviendrai-je à cette chofe , ou comment l'éviterai-je ? quand je le voudrois , comment pourrois-je l'inftruire ?*

18. Il y a des hommes oififs qui

s'afsemblent & forment des sociétés pour caufer ; on n'entend jamais dans leurs converfations rien qui ait trait à l'équité ; tout y eft plaifant, facétieux, & ils pafsent leur vie à donner une tournure ingénieufe à des idées communes pour acquérir la petite réputation de bel efprit. Il eft bien difficile que ces faifeurs de phrafes entrent dans le chemin de la vertu, ou qu'ils évitent les épines de la vie.

19. L'homme fage fait de la piété la bafe de fa conduite, de l'honnêteté le principe de fes actions, de la modeftie la regle de fes difcours, & de la vérité le terme de fa perfection. Peut-on douter qu'il ne foit difficile d'arriver à la perfection du fage?

20. Le sage n'est point fâché d'être ignoré des hommes, mais de ne pas avancer dans la carriere de la vertu autant qu'il le desire.

21. Le sage a de l'aversion pour ceux qui passent leur vie sans que personne ait jamais parlé ni de leurs talents ni de leur vertu.

22. Le sage se cherche, & l'insensé cherche les autres.

23. La gravité du sage est sans arrogance & sa politesse sans affectation.

24. Le sage n'avance point un homme parcequ'il sait parler, & ne condamne point ce qu'un homme dit parcequ'il parle mal.

25. Le disciple Tsu-Kum demanda à Confucius si l'on pouvoit exprimer en un seul mot quelque

maxime que l'on pût pratiquer fans rifque pendant toute fa vie.

Sans doute, répondit Confucius, & la voici. Jugez des autres par vous-même ; ne faites point à un autre ce que vous ne voudriez pas que l'on vous fît.

26. Confucius difoit : Lorfque je fuis dans la fociété, n'y a-t-il pas des hommes dont je releve les fautes trop févèrement, & d'autres dont je loue les vertus avec excès ? Mais fi de temps en temps il m'arrive de louer les vertus d'un homme avec excès, c'eft parceque je lui vois un defir ardent de la perfection, & que je crois qu'il juftifiera les louanges que je lui donne. D'un autre côté, comme le peuple d'aujourd'hui a encore les mêmes loix & les

mêmes principes de gouvernement & de conduite qui étoient en vigueur dans les commencements des regnes des Hia, des Xam & des Cheu, comment pourrois-je le louer ou le blâmer avec excès ?

27. J'ai encore vu des hiſtoriens qui, dans les choſes douteuſes, craignoient d'affirmer. J'ai vu des amis qui nourriſoient des chevaux, & qui ſe faiſoient un plaiſir de les prêter aux autres. Aujourd'hui les mœurs ſont abſolument changées.

28. Les paroles d'un diſcoureur déconcertent quelquefois la vertu des autres, & de légeres impatiences font échouer de grandes entrepriſes.

29. Quoiqu'un homme ſe ſoit attiré une haine univerſelle, cepen-

dant, pour le haïr raisonnablement, il faut examiner ce qu'il y a
en lui qui mérite la haine; & si un
homme est généralement aimé, il
faut, pour l'aimer raisonnablement,
examiner ce qu'il y a en lui qui mérite d'être aimé.

30. C'est l'homme qui étend la
doctrine de la sagesse, & non la
doctrine de la sagesse qui agrandit
l'homme.

31. Ne pas corriger ses fautes
c'est en commettre de nouvelles.

32. Je passe presque tous les
jours sans manger, & presque toutes le nuits sans dormir, pour ap-
profondir la nature des choses; je
ne retire cependant aucun fruit de
ces spéculations: il vaut donc mieux
me donner tout entier à la science
pratique de la sagesse.   E e ij

33. Le difciple de la fagefse ne fe propofe point dans fes études de parvenir aux dignités pour vivre plus agréablement, mais d'acquérir des vertus pour bien vivre.

Le laboureur ne cultive que pour fe procurer de la nourriture; & s'il furvient une année ftérile, il n'a pour réfultat de fon travail que la faim. Le difciple de la fagefse s'applique à l'étude des lettres & des fciences pour acquérir des vertus. Si par hafard il arrive aux charges, fa fubfiftance devient alors un fruit de fon étude. Ce n'eft donc point la crainte de la pauvreté, mais la crainte de ne pas avancer dans la vertu, qui inquiete le difciple de la fagefse.

34. Celui qui, par la fagacité de fon efprit, a acquis l'art de bien

vivre & de bien gouverner, perdra bientôt ce qu'il a acquis s'il ne le conserve pas par le moyen de la piété. Quand il auroit la piété nécessaire pour le conserver, s'il n'a pas la gravité nécessaire pour gouverner, le peuple cessera bientôt de le respecter ; & quand il réuniroit la piété nécessaire pour conserver ce qu'il a acquis, & la gravité nécessaire pour gouverner, il ne peut être regardé ni comme très bon ni comme parfait s'il manque d'honnêteté pour instruire & pour former les peuples.

35. Un grand homme, capable des plus grandes choses, ne peut être connu que par les petites : au contraire, un petit homme, étant

incapable des grandes, ne peut être
connu que par les petites.

36. La piété & la justice sont
bien plus nécessaires pour la paix &
pour le bonheur des peuples que le
feu & l'eau. Nous avons souvent vu
périr ceux qui traversoient les eaux
ou le feu ; mais on n'a point encore
vu périr ceux qui marchent dans le
chemin de la piété & de la justice.

37. Le sage défend avec fermeté, mais sans opiniâtreté, la vérité
lorsqu'il la connoît.

38. Lorsqu'il s'agit de conserver
la droiture du cœur, il ne faut cé-
der à personne, pas même à son
maître.

39. Dans le service du roi, le
premier objet du sage est son de-

voir; les émoluments de sa place ne vont qu'après.

40. Le sage instruit tout le monde sans acception de personne ni de condition.

41. Ceux qui different par le cœur & par l'esprit, ne peuvent bien délibérer ensemble.

42. Un diplôme d'ambassade doit exposer clairement l'intention de celui qui l'envoie, & rien de plus.

43. Autrefois on prenoit pour président de la musique un aveugle, parcequ'il distinguoit beaucoup plus finement les tons & les accords. Miem, qui étoit aveugle & président de la musique, vint rendre visite à Confucius : lorsqu'il fut au pied de l'escalier, Confucius lui dit,

Ici commencent les degrés ; lorsqu'il fut entré dans la salle il lui dit, *Voici les sieges ;* lorsque tout le monde fut assis, il lui nomma tous ceux qui composoient l'assemblée.

Lorsque le président de la musique fut sorti, Tsu-Chun dit à Confucius : La grande & vigilante humanité avec laquelle vous avez traité ce président ne contient-elle point quelque instruction ?

La voici, répondit Confucius. Autrefois un aveugle avoit un compagnon qui le conduisoit : ce que j'ai fait pour ce président n'est rien autre chose que ce que devroit faire son compagnon s'il en avoit un.

ARTICLE XVI.

Obligation de détourner les rois de toute guerre injuste. Dangers & malheurs d'un mauvais gouvernement. Trois sortes d'amis utiles & trois sortes d'amis dangereux. De quoi le sage doit se garantir, & à quoi il doit penser. Comment Confucius instruisoit son fils.

1. LES trois premiers ministres du royaume de Lu, au mépris de l'autorité du roi, partagerent le royaume en quatre départements dont ils s'arrogerent l'administration. Mem-Sum en eut une, Xo-Sum une autre, & Ki-Sum deux. Le prince de Chuen-Yn, qui ne

possédoit qu'un petit royaume feudataire de vingt ou trente stades, étoit le seul qui rendît fidèlement hommage au roi de Lu. Le ministre Ki-Sum forma le projet de l'attaquer & d'envahir son petit état.

Gien-Yeu & Ki-Lu, deux disciples de Confucius, remplissoient chacun une magistrature inférieure sous le ministre Ki-Sum. Ils vinrent voir Confucius, & lui firent part du projet de Ki-Sum.

Confucius, persuadé que Gien-Yeu avoit favorisé la cupidité du ministre plus que son collegue, lui adressa la parole, & lui dit : Gien-Yeu, n'est-ce pas à vous qu'il faut imputer cette guerre ? Les premiers empereurs de la famille de Cheu donnerent le royaume de Chuen-

Yn aux descendants du roi Fohi, &
les créerent seigneurs de la monta-
gne *Tsun-Mum*, au pied de laquelle ce royaume est situé. D'ail-
leurs ce petit royaume est renfermé
dans notre royaume de Lu, & lui a
rendu exactement hommage, & sa
fidélité a été inviolable ; enfin il
n'est point renfermé dans les limites
du département de Ki, & il forme
un état particulier & héréditaire :
peut-on l'envahir avec quelque apparence de raison ou de justice ?

2. Gien-Yeu répondit : Nous ne
le souhaitons pas ; mais notre ministre le veut absolument.

Mon cher, reprit Confucius,
Cheu-Gin, cet ancien historien, a
très bien dit, *que celui qui peut
montrer ses forces dans un office,*

s'approche, & qu'il le remplisse ;
mais s'il ne le peut pas, qu'il y re-
nonce & qu'il se retire. En effet, si
le conducteur d'un aveugle ne peut
le retenir lorsqu'il tombe, ni le re-
lever lorsqu'il est tombé, à quoi
peut lui servir sa compagnie ? Quant
à ce que vous assurez que ni vous
ni Ki-Lu ne desirez que Ki fasse la
guerre, dites-moi, je vous prie, si
un léopard, un tigre, ou une li-
corne sort du parc royal, ou si une
tortue précieuse, renfermée dans
une armoire, contracte de la moi-
sissure, à qui croyez-vous qu'on
doit en imputer la faute ?

3. Mais, dit Gien-Yeu, ce n'est
pas sans raison que notre ministre
Ki médite la conquête du royaume
de Chuen-Yn ; sa puissance aug-

mente tous les jours, & il eſt très voiſin de ſa capitale ; s'il ne s'en occupe pas aujourd'hui, ſa modération pourroit être funeſte à ſes ſucceſseurs.

Mon cher, reprit Confucius avec vivacité, mon cher, le ſage a en horreur non ſeulement celui qui oſe avouer ouvertement une cupidité vicieuſe, mais encore celui qui cherche à la voiler ſous des prétextes ſpécieux. J'ai ſouvent entendu dire que ce n'eſt pas le petit nombre des ſujets, mais l'ambition, qui faiſoit le malheur des princes, & qu'ils ont moins à craindre la pauvreté de leur royaume que la diſsention. On n'a point à craindre la pauvreté lorſque l'on a banni l'ambition ; & le peuple eſt toujours

F f

nombreux où regne la concorde :
alors un prince n'a rien à craindre.

4. Votre ministre se conduit
mal, voilà pourquoi les peuples de
Chuen-Yn ne veulent pas se soumettre à lui. Pour les engager à une
soumission volontaire, il faut bien
régler ses mœurs & établir un gouvernement sage ; lorsqu'ils se feront
soumis volontairement, il faut leur
procurer une vie tranquille. Appli-
quez vous-mêmes ces principes, vous
Gien-Yeu & Ki-Lu, qui êtes du conseil du ministre Ki. Les peuples ne
se soumettent point d'eux-mêmes,
& votre vertu ne peut les engager à
se soumettre. Le royaume divisé en
quatre parties se précipite vers sa
ruine sans que vous puissiez le soutenir ; vous projettez au contraire

de prendre les armes & d'allumer la guerre dans le sein du royaume ; je crains bien que la cause du mal qu'il appréhende ne soit pas dans le royaume de Chuen-Yn , mais dans l'intérieur même de sa maison.

5. Tant que la sagesse du gouvernement est en vigueur dans l'empire, ajouta Confucius, c'est l'empereur qui prescrit les rites , regle la musique & décide de la guerre ; lorsque le gouvernement s'affoiblit, les rois usurpent l'autorité de l'empereur, & reglent les rites , la musique & la guerre ; mais lorsque les ministres usurpent l'autorité des rois , comme ceux-ci ont usurpé l'autorité de l'empereur, il est rare qu'une famille conserve son royaume pendant dix générations. Lors-

que les premiers ministres usurpent
l'autorité du roi & décident des rites, de la musique & de la guerre,
alors les sous-ministres de ces usur-
pateurs s'arrogent l'autorité des premiers ministres. Voilà pourquoi il
est rare que ces ministres occupent
pendant cinq générations le trône
qu'ils ont usurpé. Enfin il est rare
que les sous-ministres, qui se sont
arrogé l'autorité des premiers ministres, se maintiennent dans l'administration pendant trois générations.

6. Enfin, dit Confucius, lorsqu'un gouvernement sage fleurit
dans l'empire, la puissance des loix
& des préceptes ne dépend pas des
ministres ; & les peuples soumis à
un gouvernement sage n'osent ni

blâmer, ni décider, ni délibérer.

7. Après la mort du roi Ven-Kum, son fils Tsu-Ché fut tué par Siven-Kum qui usurpa le royaume. Depuis son usurpation, sa famille possede le trône ; & c'est aujourd'hui la cinquieme génération qui regne, tout allant de mal en pis : en sorte que tout le gouvernement passe peu à peu entre les mains des premiers ministres depuis Ki-Vu jusqu'à Ki-Von qui forme la quatrieme génération. Mais comme l'autorité usurpée par les premiers ministres ne porte pas à la cinquieme génération, l'autorité de Ki-Von est sur son déclin, & touche à sa fin.

8. Confucius disoit : Il y a trois sortes d'amis qui sont utiles, & trois

fortes qui font nuifibles : les amis droits, les amis finceres, les amis favants, nous font utiles pour rectifier ce qu'il y a de défectueux en nous, pour en bannir la faufseté, pour diffiper notre ignorance ; les amis pervers, les amis faux, les amis difcoureurs, font nuifibles, parcequ'en les fréquentant on eft expofé à imiter leur perverfité, leur faufseté, leur babil.

9. Il y a trois chofes qu'il eft avantageux d'aimer, & trois chofes qu'il eft dangereux d'aimer.

L'honnêteté des rites & l'accord de la mufique, l'eftime & les louanges des hommes de bien, la fociété & la fréquentation d'amis fages, voilà les trois chofes qu'il eft utile & avantageux d'aimer.

Au contraire, il eſt dangereux d'aimer l'oſtentation & la volupté, l'oiſiveté & les promenades, les feſtins & les ſpectacles.

10. Un jeune homme ou un inférieur qui eſt en préſence d'un homme qui eſt vénérable pour ſon âge ou pour ſa dignité, peut commettre trois ſortes de fautes à ſon égard : 1°. s'il parle ſans être interrogé, on le juge inconſidéré & indiſcret ; 2°. ſi lorſqu'on l'interroge il ne répond pas, on le croit diſſimulé ; 3°. s'il parle au haſard & ſans avoir examiné par la phyſionomie ce que penſoient les autres, il eſt censé aveugle.

11. Il y a trois choſes que le diſciple de la ſageſse doit éviter ; la luxure dans l'adoleſcence, parceque

le sang & les esprits n'ont point encore acquis leur consistance & leur
état de stabilité; la colere dans la
jeunesse, parceque le sang & les esprits sont dans leur état naturel de
force & de stabilité; l'avarice dans
la vieillesse, parceque le sang & les
esprits sont dans un état de foiblesse.

En effet, ajoute l'interprete, la
luxure détruit la santé, la colere at-
tire des malheurs, l'avarice abrege
la vie.

12. Il y a trois choses que le sage
révere : il révere la loi du ciel; il
révere les hommes illustres; il révere les paroles des sages : l'insensé, au contraire, ignorant la loi du
ciel, ne la révere pas; ne révérant
pas la loi du ciel qu'il ignore, il

méprise les hommes illuſtres & ri-
diculiſe les diſcours des ſages.

13. Il y a beaucoup de différence dans l'eſprit des hommes, &
l'on pourroit les partager en différentes claſses. Je mets dans la premiere ceux qui ſont ſi heureuſement
nés, qu'ils poſsedent les ſciences
preſque ſans étude ; on peut mettre
dans la ſeconde ceux qui les acquierent ſans étudier beaucoup ; dans la
troiſieme ceux qui les acquierent ,
mais lentement, & avec beaucoup
d'étude ; enfin on pourroit placer
dans la derniere claſse , & dans la
claſse du bas peuple, ceux qui, nés
avec peu de diſpoſition pour apprendre , négligent cependant de
s'inſtruire.

14. Il y a neuf choſes auxquelles

le sage s'applique sans relâche : à voir distinctement ce qu'il regarde ; à bien entendre ce qu'il écoute ; à présenter un visage affable ; à être modeste dans toutes ses manieres ; à être vrai dans tous ses discours ; à conduire bien les affaires ; à s'informer lorsqu'il doute ; à contester sans faire du tort ; à être équitable lorsqu'il devient riche.

15. Un ancien proverbe dit : *Il faut regarder l'homme de bien comme un modele que l'on ne peut égaler, & le méchant comme un bouillon brûlant auquel on n'ose toucher.*

J'ai vu, ajoutoit Confucius, des hommes qui se conduisoient ainsi, & c'est pour cela que j'ai appris ce proverbe.

16. Un autre proverbe, ajoutoit-il, dit : *Lorsque le sage n'est que particulier, il s'applique à bien régler son esprit afin de consacrer à l'utilité publique les progrès qu'il aura faits dans l'art de bien vivre & de bien gouverner s'il occupe un emploi public.*

J'ai aussi appris ce proverbe, disoit Confucius ; mais je n'ai point vu d'hommes qui le pratiquassent.

17. Kim-Kum, roi de Cy, nourrissoit quatre mille chevaux pour traîner quatre mille chars à la guerre, disoit Confucius ; & cependant les peuples ne trouverent en lui aucune vertu qui méritât leurs louanges ; mais ils publierent celles de Pé-Y & de Xo-Cy ses freres, qui, après avoir refusé le sceptre l'un &

l’autre, font morts dans la pauvreté & dans la mifere au pied du mont *Xeu-Yam*.

N’eft-ce point ce qu’une ode du livre des poéfies indique, en difant : « Certainement ce ne font pas « les richefses, mais bien d’autres « chofes, que les hommes louent. »

18. Le difciple Chin - Kum, croyant que Confucius donnoit à fon fils des inftructions particulieres, demanda à ce fils nommé Pé-Yn fi en effet fon pere ne lui enfeignoit point quelques principes particuliers. Point du tout, répondit Pé-Yn. Un jour qu’il étoit feul dans la falle, je pafsai promptement devant dans l’efpérance qu’il m’ap_pelleroit; il m’appella en effet, & me dit : Avez-vous appris le livre des

poéfies ? Pas encore, mon pere. Si vous ne l'apprenez pas, me dit-il, vous ne faurez jamais bien l'art de bien parler. Je le quittai, & je fis tous mes efforts pour apprendre le livre des poéfies.

19. Un autre jour il étoit encore feul, & je pafsai devant la falle où il fe repofoit ; il m'appella, & me demanda fi je favois le livre des rites. Je lui répondis que non. Il me dit : Si vous ne l'apprenez pas, vous n'acquerrez jamais la fcience & les moyens de vous fixer dans la vertu.

Voilà toutes les leçons particulieres que j'ai reçues de mon pere.

Chin-Kum, charmé de ces éclaircifsements, le quitta en difant : Que je fuis heureux ! je n'ai demandé qu'une feule chofe, & j'en

G g

ai appris trois; 1°. que l'étude du livre des poéfies eft nécefsaire pour acquérir l'art de bien parler; 2°. que l'étude du livre des rites eft nécefsaire pour pouvoir s'affermir dans la vertu; 3°. qu'un fage renonce à toute affection particuliere lorfqu'il inftruit fon fils, & que fon enfeignement eft le même pour tous les hommes.

20. Confucius, rappellant un ancien rite, difoit: Le nom de l'époufe du roi eft fujet à beaucoup de variations; le roi l'appelle fon époufe; elle ne fe donne à elle-même que le nom d'une jeune femme ignorante; les citoyens du royaume l'appellent reine; hors de fa patrie, dans les autres royaumes on l'appelle une petite reine de peu de vertu; enfin

les habitants des royaumes étrangers la nomment reine.

ARTICLE XVII.

*Jugement de Confucius sur quelques
ministres soulevés contre leurs
maîtres. Cinq vertus nécessaires
dans un prince. Six belles maximes & leurs six défauts. Louange & utilité du livre des poésies.
Deuil de trois ans pour le pere &
pour la mere. Différents genres
d'hommes odieux ou méprisa-
bles.*

1. YAM-HO, sous-préfet de Ki-
Von premier ministre du royaume
de Lu, s'étoit révolté contre lui, &
l'ayant vaincu & enfermé dans une
prison, s'étoit emparé du gouver-
G g ij

nement. Comme il ſavoit que Confucius étoit un perſonnage d'une
grande conſidération, il deſiroit ardemment qu'il vînt le voir; mais
Confucius s'y refuſa. Yam - Ho,
pour obliger honnêtement Confucius à le venir voir, lui envoya en
préſent un petit cochon rôti. Les
loix de l'urbanité exigeoient une
viſite de remercîment : pour s'en acquitter, Confucius prit le temps où
Yam-Ho étoit abſent ; mais il le
rencontra en revenant.

2. Yam-Ho le pria de s'appro-
cher. Je voudrois vous parler, lui
dit-il, & vous faire une queſtion ;
ſavoir, ſi un homme qui poſsede un
tréſor précieux de ſcience & de vertu ne le communique point, & voit
avec indifférence ſa patrie entraî-

née vers sa perte, peut-on dire qu'il ait de la piété pour sa patrie ?

Non, répondit Confucius.

Mais, ajouta Yam-Ho en souriant, si celui qui aspire au gouvernement laisse échapper une occasion favorable pour y arriver, peut-on dire qu'il est prudent ?

Non, répondit encore Confucius.

Yam-Ho dit en riant à Confucius : Les jours & les mois passent avec rapidité, & les années ne sont pas en notre pouvoir ; pourquoi donc ne vous hâtez-vous pas de remplir une charge ?

Vous avez raison, dit Confucius, je ne tarderai pas à y entrer.

3. Tous les hommes naissent avec une nature fort semblable,

mais qui devient fort différente par l'habitude de la vertu ou du vice.

4. Il y a deux sortes d'hommes que les exemples & les enseignements ne changent point, les hommes élevés au plus haut degré de lumiere, & les hommes ensevelis dans la plus grossiere ignorance.

5. Confucius, arrivant à la ville de Vu-Chim, entendit par-tout des chants & des instruments de musique, parceque Tsu-Lu son disciple en étoit préfet, & veilloit à ce que le peuple fût bien instruit dans la science des rites & dans l'art de la musique: charmé de l'espece de concert général que formoient les voix & les instruments, il dit avec un sourire gracieux à Tsu-Lu: Mon cher, pourquoi employer le grand

art de gouverner pour une si petite ville? n'est-ce pas couper le cou d'une poule avec le grand couteau dont on égorge un bœuf?

Maître, lui dit Tsu-Lu, voici ce que j'ai appris de vous: Si un préfet aime les préceptes de la sagesse & les regles de la bonne conduite, il aime son peuple & le juge par lui-même. Si le peuple aime les regles de la sagesse & de la bonne conduite, il aime son préfet, & se laisse gouverner facilement.

Confucius adressant alors la parole à ses disciples, leur dit : Mon cher Tsu-Lu a raison, il a très bien répondu, & je ne prétendois que faire une plaisanterie lorsque je lui ai dit que pour couper le cou d'une poule il ne falloit pas le couteau qui égorge un bœuf.

6. Ki-Von, premier miniſtre de Lu, avoit un ſous-préfet nommé Xun-Xan-Si-Fao qui commandoit dans la ville de Pi ſa capitale : le ſous-préfet ſe révolta contre Ki-Von, le vainquit & l'enferma dans une priſon. Ce ſous-préfet, devenu maître de la ville de Pi, invita Confucius à le venir voir, & Confucius ne s'y refuſoit pas trop, parceque le ſous-préfet ne s'étoit point révolté contre le roi, mais contre un miniſtre infidele.

Tſu-Lu n'approuvoit pas cette condeſcendance, & dit à Confucius : Si vous allez viſiter ce ſédi-tieux, quel moyen y aura-t-il de répandre & de perſuader votre doctrine ?

Croyez - vous, répondit Confucius, que celui qui me preſſe ainſi de l'aller voir ne ſe propoſe pas quelque fin en m'invitant? S'il veut m'employer dans le gouvernement, peut-être pourrai-je rétablir dans le royaume les loix & les rites preſ-que abrogés, changer la face du royaume, le réformer, & faire en ſorte que l'empire des Cheu, qui fut ſi floriſſant dans l'occident ſous ſes premiers empereurs, ſemble tranſporté dans l'orient.

Au reſte, Confucius ne ſe rendit point à l'invitation de Xan-Si, qui, ayant été défait par l'armée de Ki, s'enfuit dans le royaume de Cy.

7. Tſu-Cham dit à Confucius : Que faut-il dans un prince pour que l'on puiſſe dire qu'il a une vraie pié-té, c'eſt-à-dire une parfaite droiture de cœur?

Je crois , répondit Confucius ,
qu'il doit pratiquer dans l'adminiftration les cinq vertus d'un empereur.

Et quelles font ces cinq vertus ?

Ce font, dit Confucius, la dignité, la bénignité, la vérité, l'e-
xactitude & la libéralité. Si le prince
a de la dignité, tout le monde le
refpectera , & il n'y aura perfonne
qui ofe le méprifer; s'il a de la bénignité , il s'attirera l'amour & la
bienveillance; s'il a de la vérité,
on aura en lui une confiance en-
tiere & générale ; s'il eft exact, on
obfervera fidèlement les rites ; s'il
eft libéral, il pourra fans peine
commander à tous.

8. Le royaume de Cim étoit dans
un défordre affreux ; le roi étoit

sans autorité, & toute l'administration étoit entre les mains de six premiers ministres. Il s'éleva des séditions, & la guerre civile s'alluma. Pendant que Kao-Kieu, un de ces ministres, attaquoit Fan-Chum-Kieu un de ses collegues, Pié-Hié, sous-préfet de Kao-Kieu, se révolta, & s'empara de la ville de Chum-Mem. Il envoya prier Confucius de venir le voir. Confucius vouloit y aller.

Tsu-Lu lui dit : Maître, voici ce que je vous ai entendu dire autrefois : *Le sage n'a point de société avec le scélérat.* Or ce sous-préfet Pié-Hié a pris les armes contre son maître, & ajoute continuellement de nouveaux crimes au premier. Si vous vous rendez à son invitation, ne ferez-vous pas en contradiction avec vous-même, & ne vous rendrez-vous pas complice des crimes de ce fous-préfet ?

Je ne méconnois pas ce que je vous ai dit, répondit Confucius : mais ne dit-on pas d'une chose très dure, vous avez beau la frotter, vous ne l'uferez pas ; & d'une chofe très blanche, vous avez beau la noircir, vous ne la teindrez pas ? Croyez-vous que je veuille refsembler à ces calebafses dont le goût eft amer, & qui ne font bonnes qu'à être exposées dans une chambre fans être d'aucun ufage pour la nourriture ?

9. Tfu-Lu s'occupoit beaucoup plus de l'art militaire que de l'étude de la fagefse : Confucius lui parla

ainsi : Mon cher Tsu-Lu, connoissez-vous six défauts consignés dans
six belles manieres ? Non, dit Tsu-
Lu en se levant. Asseyez-vous, reprit Confucius, & je vais vous les
expliquer. 1°. Quand on aime la
vertu sans aimer la science de la
vertu, on tombe dans un aveugle
abrutissement. 2°. Quand on aime
la prudence sans aimer la science de
la prudence, on sort de l'ordre &
de la regle sans le vouloir & sans
s'en appercevoir. 3°. Quand on aime la vérité sans aimer la science
de la vérité, on est d'une opiniâtreté funeste. 4°. Quand on aime
la droiture sans aimer la science de
la droiture, on est étourdi & inconsidéré. 5°. Quand on aime le courage sans aimer la science du cou-

H h

rage, on est turbulent & séditieux.

6°. Quand on aime la constance sans aimer la science de la constance, on est fastueusement présomptueux.

10. Mes disciples, pourquoi n'apprenez-vous pas le livre des poésies ? Ce livre, par les exemples du bien & du mal, peut porter le lecteur à l'amour de la vertu & à la haine du vice ; par les louanges & par le blâme engager à examiner son propre cœur ; par les loix de l'amitié conduire à une honnête familiarité dans les sociétés humaines ; par les sentiments de tristesse & de colere l'animer contre les fautes des autres, & lui faire faire des efforts pour les corriger. Il contient de plus la maniere de servir ses pa-

rents & le prince, & enfin les noms d'une grande quantité d'oiseaux, d'animaux, de plantes & d'arbres dont la connoifsance peut être utile dans l'étude des fciences.

11. Savez-vous les deux chapitres du livre des poéfies, qui ont pour titre *Cheu-van* & *Chao-van* ? Quiconque ne fait pas ces deux chapitres eft, dans le gouvernement de fa maifon ou dans l'adminiftration du royaume, comme un homme qui eft au pied d'un mont élevé, & qui ne peut ni rien appercevoir ni avancer d'un pas (1).

---

(1) Ces deux chapitres traitent principalement de la maniere de régler fes mœurs & fa famille. On y raconte les vertus de Tay-Fu, époufe de Ven-Van, dont

12. Les empereurs inftituerent les rites pour conferver l'honnêteté des mœurs, & crurent que pour exprimer les fentiments de vénération que l'on avoit dans le cœur, il falloit offrir des préfents de foie & de prix. Si donc on n'a pas cette vénération dans le cœur, ces préfents de foie & d'un grand prix, que l'on annonce avec appareil en difant, les rites! les rites! ne doivent-ils pas plutôt s'appeller les vains fpectacles du fafte?

Enfuite les empereurs établirent la mufique afin d'infpirer aux peuples un efprit de paix & de concorde par le moyen des accords des voix

l'exemple rétablit l'ordre dans les maifons de tous les préfets des provinces du midi.

& des inſtruments : mais ſi cette concorde ne regne pas dans les eſprits, ces tambours, ces cymbales, &c. que l'on appelle la muſique, ne méritent-ils pas plutôt le nom de vains inſtruments de bruit & de ſon ?

13. Celui qui veut paroître à l'intérieur grave & conſtant, s'il eſt intérieurement inconſtant & léger, n'eſt-il pas ſemblable à ces petits hommes qui percent la nuit les murs de la maiſon voiſine, & qui les traverſent pour aller commettre leurs larcins, & qui le jour ont une fauſſe apparence d'honnêteté ſur leur viſage ?

14. Il y a une certaine eſpece d'hommes que l'on appelle l'honneur & la regle de la patrie, parce-

qu'ils ont le masque de la vertu &
de la sagacité ; cependant ils sont
en effet l'opprobre & la perte de la
vertu.

15. Celui qui voit une maxime
ou un précepte de la sagesse, &
qui, sans l'avoir médité quelque
temps dans son cœur, le répete aussitôt, ressemble au voyageur qui
redit à tous ceux qu'il rencontre les
propos qu'il a entendus sur la route.
N'est-ce pas jetter pour ainsi dire la
sagesse à la tête ou dans les rues
comme on jette les choses viles ?

16. Comment cette espece de
petits hommes vils qui cherchent
leur intérêt & non celui du public,
peuvent-ils servir le roi ? Lorsqu'ils
n'ont pas encore obtenu la dignité
à laquelle ils aspirent, ils ne crai-

gnent qu'une chose, c'est de ne pas l'obtenir ; & lorsqu'ils l'ont obtenue, ils ne craignent qu'une chose, c'est de la perdre ; n'ayant point d'autre crainte que de perdre leur dignité, il n'y a point de crime qu'ils ne commettent pour la conserver.

17. Les hommes avoient autrefois trois sortes de craintes & de tristesses dont on n'apperçoit pas même de traces aujourd'hui dans beaucoup de personnes. Autrefois les hommes fastueux ne se permettoient que d'outre-passer un peu les bornes d'une modestie économe ; aujourd'hui les hommes fastueux violent sans hésiter toutes les loix de la justice & de l'honnêteté. Autrefois les hommes austeres ne portoient dans la société qu'un vi-

fage froid & rebutant, aujourd'hui les hommes séveres ont non feulement l'abord & le maintien sévere & rebutant, mais encore ils font contredifants, haineux, emportés. Autrefois les ignorants étoient francs & droits, aujourd'hui les ignorants font faux & pervers.

18. Je n'ai guere vu de flatteurs qui eufsent de la piété.

19. Confucius difoit : Quoique le mélange du violet & du rouge femble plaire à la vue plus que le rouge feul, cependant je hais beaucoup ce mélange, parcequ'il ôte au rouge fa perfection. Pareillement, quoique le chant lafcif du royaume de Chin femble affecter l'oreille plus agréablement que la mufique fimple, cependant je le hais beau-

coup, parcequ'il confond les loix efsentielles de la mufique pure & chafte; je hais de même, & beaucoup plus encore, ces fophiftes difcoureurs qui pervertifsent les familles & les états en dégu fant leurs dangereufes opinions dans des phrafes artificieufement compafsées.

20. Confucius, ayant remarqué que fes difciples étoient beaucoup plus avides d'apprendre qu'appliqués à bien vivre, leur déclara que déformais il ne parleroit plus.

Mais, lui dit Tfu-Kum, fi vous, qui êtes notre maître, cefsez de parler, nous qui fommes vos difciples, de qui apprendrons-nous les principes & les regles pour bien vivre que nous devons tranfmettre à la poftérité?

Ne voyez-vous pas le ciel ? répondit Confucius ; est-ce donc que le ciel ne vous parle pas ? Vous voyez les quatre saisons se succéder régulièrement & invariablement ; vous voyez une succession non interrompue & réguliere de toutes les productions ; pouvez-vous dire que le ciel ne parle pas ? Eh bien ! voilà comment je vous instruirai par des actions & non par des paroles.

21. Un nommé Iu-Poi, habitant du royaume de Lu, étant disciple de Confucius, l'avoit offensé, & renonça aux lettres. Quelque temps après il desira de voir Confucius, & se rendit à sa maison. Confucius lui fit dire qu'il étoit malade & qu'il ne pouvoit lui parler, & sur-le-champ il se mit à jouer de la harpe

& à chanter avec force afin de faire connoître à Iu-Poi qu'il n'étoit point malade, mais qu'il ne vouloit pas lui parler qu'il ne reconnût & ne réparât sa faute.

2 . Un jour le disciple Tsay-Ngo parla ainsi à Confucius : Par un ancien usage il faut que le deuil pour le pere & pour la mere dure trois ans ; ne suffiroit-il pas qu'il fût seulement de deux ans ? En effet, le sage qui est en deuil pendant trois ans ne s'exerce point à l'observation des rites, & les oublie : ne s'exerçant point à la musique, il l'oublie aussi. Tous les ans, lorsque les anciens fruits cessent, on en voit de nouveaux, & aussi tout se renouvelle tous les ans. Il paroît donc qu'un an suffit pour le deuil.

Confucius lui dit : Pendant les trois ans de deuil on ne mange que des légumes insipides & du riz de la moindre qualité ; on ne boit que de l'eau & l'on n'est vêtu que de toile de chanvre. Si le deuil ne dure qu'une année, un fils après la mort de son pere, pourra donc se nourrir délicatement & se vêtir magnifiquement. Pourriez - vous vous conduire ainsi avec un esprit tranquille & sans remords ?

Sans doute, reprit Tsay-Ngo.

Eh bien ! dit Confucius, si après un an de deuil vous pouvez vivre délicatement & vous vêtir magnifiquement, faites-le ; mais lorsqu'un homme sage porte le deuil de son pere & de sa mere, il a dans le cœur une douleur & une tristesse si profonde, qu'il ne trouve ni goût dans les aliments , ni agrément dans la musique, ni plaisir dans l'usage des commodités de son appartement. Voilà pourquoi , après un an de deuil , il ne reprend point des habits agréables & sa nourriture ordinaire. Quant à vous , si vous pouvez sans remords reprendre votre vie ordinaire au bout d'un an de deuil , je vous le permets.

Tsay-Ngo sortit , & Confucius craignant que ses disciples ne prissent pour une approbation du sentiment de Tsay-Ngo ce qu'il n'avoit dit que pour le condamner , ajouta : Certainement ce Tsay-Ngo vient bien de prouver qu'il n'a aucune piété pour ses parents. Ce n'est qu'au bout de trois ans que

l'enfant commence à marcher, &
qu'il exempte pour ainsi dire ses parents de l'obligation de le porter.
C'est pour reconnoître ce bienfait
de trois ans que les rites ont prescrit dans tout l'empire un deuil de
trois ans pour le pere & pour la mere. Tsay-Ngo seroit-il donc le seul
qui n'eût pas reçu ce bienfait de l'a-
mour paternel, pour être dispensé
du deuil de trois ans ?

23. Il est bien difficile que celui
qui, pendant tout le jour, ne pense
qu'à se rassasier d'aliments agréables, fasse des progrès dans la vertu.
Avez-vous vu des joueurs d'osse-
lets ou de dames ? ils ne sont occupés que de leur divertissement ; eh
bien ! je les estime davantage que
les gourmands oisifs.

24. Tsu-Lu, qui prisoit beaucoup le courage martial, demandoit à Confucius si le sage estimoit beaucoup le courage.

Confucius lui répondit : L'équité est ce que le sage estime le plus : car si un magistrat n'a que du courage sans équité, il excite sûrement du trouble & du tumulte ; & si le simple citoyen n'a que du courage & qu'il manque d'équité, il se porte facilement au vol & au brigandage.

25. Tsu-Kum demanda à Confucius si le sage haïssoit les autres.

Il y a quatre especes d'hommes que le sage hait, répondit Confucius ; 1°. les méchants qui publient les fautes & les défauts des autres ; 2°. les hommes vils qui médisent des princes & qui cherchent à les blâmer ; 3°. les hommes forts qui n'ont point d'humanité ; 4° les audacieux qui entreprennent tout inconfidérément & par une impétuofité aveugle. Y a-t-il quelques autres hommes que vous haïffiez ?

Oui, reprit Tfu-Kum, il y a trois fortes d'hommes que je hais ; les ignorants qui veulent paroître favants ; les arrogants qui font les courageux ; les détracteurs qui prétendent fe faire paffer pour des hommes juftes, droits & finceres.

26. Une des chofes les plus difficiles eft de gouverner des femmes & des domeftiques. Si vous les traitez avec trop de bonté, ils fortent des bornes de la fubordination ; fi vous êtes un peu trop févere, ils fe plaignent & s'irritent.

27. Celui qui à quarante ans mene une vie odieuse à tout le monde,
persistera jusqu'à la mort dans ce
genre de vie, & ne changera que
difficilement de mœurs.

ARTICLE XVIII.

Eloges de quelques princes & de
quelques ministres anciens. Les
agréments des femmes, funestes
au bon gouvernement. Actions
de quelques sages qui menoient
une vie obscure. Préfets de la mu-
sique dans les repas. Quelques
regles pour le bon gouvernement.

1. L'EMPEREUR Cheu gouver-
noit mal. Son frere Tsu, roi d'un
petit royaume, l'avertissoit souvent, mais en vain, de son devoir;

I i iij

il craignit que les rois ne se révol-
tassent, & que la famille impériale
ne pérît dans la révolution qu'il
prévoyoit. Il abandonna son pays,
& se retira, afin qu'il subsistât quelqu'un pour rendre à ses ancêtres le
culte prescrit par les rites.

L'oncle de l'empereur avertissoit aussi son neveu, mais avec encore moins de succès, car il fut mis
en prison, & feignit d'être fou pour
conserver sa vie : enfin un autre
oncle du roi lui fit publiquement
des remontrances pour l'engager à
changer de conduite ; Cheu le fit
afsaffiner.

Confucius, en racontant ce fait,
disoit : Il y a eu dans la famille de
Xam trois héros illustres par leur
piété envers leur patrie.

2. Lieû-Hia-Haéi étoit un sage, préfet des prisons, qui perdit trois fois sa charge. Un particulier lui disoit en raillant : Seigneur, vous avez bien du malheur ; ne vaudroit-il pas mieux passer dans un autre royaume ?

Le préfet disgracié lui répondit : J'ai souvent perdu mon office parceque je servois le roi en suivant les regles de la justice ; si je suis déterminé invariablement à ne m'écarter jamais des principes de la justice, dites-moi, je vous prie, où je ne serai pas exposé à perdre trois fois mon office ; & si je veux, en servant le roi, suivre la voie de l'injustice, qu'est-il besoin que j'abandonne ma patrie & que je sorte du royaume ?

3. Confucius étoit arrivé dans le
royaume de Cy; Kim-Kum, qui en
étoit roi, connoifsant fa fagefse,
confulta fon premier miniftre fur
la maniere dont il le recevroit. Il y
a, lui dit-il, dans le royaume de Lu
trois premiers miniftres; le premier
& le plus illuftre eft Ki-Sun ; le roi
de Lu le traite très honorablement,
même un peu trop : fi je traite Confucius comme Ki-Sun , je tomberai
dans le même excès. L'autre miniftre
eft Mem-Sun, que le roi traite beaucoup moins honorablement ; fi je
traite Confucius comme ce dernier,
je ne lui rendrai pas afsez : il faut
donc prendre un milieu entre les
honneurs que reçoit Ki & ceux que
reçoit Mem-Sun. Au refte, ajouta-t-
il fur-le-champ, je deviens vieux,

mes forces diminuent ; je ne fuis plus en état de fuivre cette difcipline auftere dont Confucius fait profeffion, & qu'il vient nous enfeigner ; ainfi ce n'eft pas la peine de délibérer fur la maniere de le recevoir. Confucius, informé des fentiments du roi, quitta le royaume de Cy, parcequ'il vit qu'il y enfeigneroit inutilement fa doctrine, & non parcequ'on ne l'y recevoit pas affez honorablement.

4. Tim-Kum, roi de Lu, avoit donné à Confucius la charge de premier préfident de la juftice & de premier miniftre des confeils : la fageffe de fon adminiftration rétablit l'ordre dans le royaume de Lu, & le fit abfolument changer de face dans trois mois.

Le roi de Cy craignit les effets de ce sage gouvernement, & la puissance à laquelle il avoit subitement élevé le royaume de Lu ; il envoya en préfent au roi de Lu quatre-vingts belles filles richement parées, & qui excelloient dans la danse, le chant & le jeu de tous les instruments de musique, afin qu'elles infpirafsent au roi de Lu la paffion de la volupté, & qu'elles lui fifsent abandonner le sage gouvernement qu'il avoit établi. Lorfqu'elles furent arrivées, & avant qu'elles entrafsent dans la ville, le roi alla les voir trois fois accompagné de son premier miniftre Ki-Von, qui enfin lui perfuada de les faire conduire au palais dans son appartement. Le roi, charmé de leurs talents, épris de leur beauté, négligea pour elles le gouvernement, & pendant trois jours ne parut point dans la salle de la juſtice pour y traiter des affaires de l'état.

5. Confucius abdiqua ſa charge, & ſortit du royaume.

Cié-Yu, habitant du royaume de Tſou, contrefaiſoit l'imbécille pour ſe dérober aux honneurs, aux char-ges, aux dignités. Confucius arri-vant dans ce royaume, Cié-Yu, qui alloit à l'oppoſite, lorſqu'il fut de-vant ſon char commença à chanter ces paroles : « Aigle, hélas ! aigle, « qu'eſt devenue votre perſpicaci- « té ? Autrefois on vous voyoit « lorſque l'empire fleuriſsoit; lorſ- « que ſa ſplendeur étoit ternie on « ceſsoit de vous voir : alors vous

« saviez bien discerner les temps ;
« mais aujourd'hui quels temps &
« quelles mœurs pour vous voir pa-
« roître ! on ne peut réparer ni cor-
« riger ce qui est passé ; mais au
« moins on peut prévoir l'avenir
« & le changer par sa prévoyance.
« Quittez, quittez un projet inutile ;
« car ceux qui remplissent aujour-
« d'hui les charges, non seulement
« ne peuvent soutenir l'éclat de leur
« dignité, mais encore sont en dan-
« ger de perdre leur réputation,
« leur fortune & la vie. »

Confucius sauta de son char pour
s'entretenir avec cet homme, &
pour lui exposer ce qu'il convenoit
que chacun fît ; mais il doubla le
pas, disparut, & Confucius ne put
converser avec lui.

6. Confucius paſsant du royaume de Tſou dans celui de Tſay,
arriva au bord d'un fleuve; ne con-
noiſsant pas le gué, il envoya ſon
diſciple Tſu-Lu pour le demander
à deux laboureurs peu éloignés.

Ces deux laboureurs étoient deux
ſages nommés Cham-Tſu & Kié-
Nié qui vivoient en particulier à la
campagne, & cultivoient la terre.
Tſu-Lu s'adreſsa d'abord à Cham-
Tſu qui lui demanda qui étoit celui
qui conduiſoit le char d'où il étoit
deſcendu. C'eſt Confucius, répondit Tſu-Lu. Quoi ! reprit Cham-
Tſu, c'eſt ce fameux Confucius du
royaume de Lu ? Lui-même, dit
Tſu-Lu. Si c'eſt lui, ajouta Cham-
Tſu, pourquoi me demandez-vous
le gué du fleuve ? il ne peut pas

l'ignorer, parcequ'il va fans cefse de côté & d'autre.

7. Tfu-Lu, voyant qu'il ne pouvoit tirer aucune réponfe de Cham-Tfu, s'adrefsa à Kié-Nié, qui lui demanda qui il étoit, & l'ayant appris, lui dit : Êtes-vous le difciple de ce fameux Confucius natif du royaume de Lu ? Oui, répondit Tfu-Lu. Alors Kié - Nié lui dit : Lorfque j'obferve le mauvais gouvernement de ces temps & les mœurs du monde qui vont toujours de mal en pis, il me femble voir l'eau qui fe précipite, & qui, à mefure que fon cours fe prolonge, tombe fans cefse dans des lieux plus bas, & je n'y vois point de remede : car qui pourroit rappeller la paix & le bon gouvernement à la place de ce tu-

multe & de cette confusion ? Votre
maître ne fait que courir çà & là
pour remédier à tant de maux , &
vous voyez qu'il se consume en efforts inutiles ; pourquoi vous atta-
chez-vous à un tel maître qui semble errer en fugitif dans tous les
lieux ? ne feriez-vous pas mieux de
vous attacher à moi qui ai renoncé
au monde & aux honneurs ? Cependant il aiguillonnoit ses bœufs &
marchoit en herfant sa terre sans
indiquer le gué.

8. Tsu-Lu le quitta , & rapporta à Confucius les discours des deux
laboureurs.

Quoi donc ! dit Confucius comme en soupirant, faut-il que l'homme vive en société avec les quadru-
pedes & avec les oiseaux ? N'est-il

pas dans l'ordre de la nature que les animaux de la même espece vivent ensemble? Si je ne vis pas avec tant de peuples dispersés dans l'empire de la Chine, avec qui faut-il donc que je vive?

On dit que les mœurs & le gouvernement vont en se dépravant de plus en plus; mais s'ils étoient conformes aux regles de l'équité, je ne m'efforcerois pas de les corriger & de les changer.

9. Tsu-Lu, accompagnant Confucius dans ses voyages, resta un peu en arriere, & le perdit de vue : il erroit au milieu d'un hameau, où il rencontra un vieillard qui portoit à son bâton une corbeille. N'avez-vous point vu passer ici mon maître? lui dit Tsu-Lu.

Vous avez, lui dit le vieillard, des membres forts & vigoureux que vous ne voulez pas employer à la culture de la terre; vous ne pourriez pas même connoître ni le riz, ni le bled, ni les pois, ni l'orge; vous n'êtes occupé que d'une seule chose, de suivre votre maître. Eh ! quel est donc ce maître ? A ces mots le vieillard enfonce son bâton dans la terre, & se met à arracher des herbes inutiles.

Tsu-Lu soupçonne que ce vieillard est un sage retiré à la campagne pour y vivre dans l'obscurité, & se place respectueusement à côté de lui : auffitôt le vieillard le prie gracieusement de venir dans sa maison & d'y passer la nuit. A peine Tsu-Lu est entré qu'il fait tuer une poule & préparer le meilleur riz qu'il eût ; il lui présente ensuite ses deux fils, qui saluent avec beaucoup de politesse l'hôte inconnu.

10. Le lendemain Tsu-Lu partit de grand matin , & ayant rejoint Confucius , lui raconta ce qui lui étoit arrivé.

Cet homme , dit Confucius , est sûrement un sage qui a voulu se cacher : il renvoya Tsu-Lu pour le voir ; mais le vieillard étoit déja dans les champs ; il chargea ses domestiques de lui rapporter de la part de son maître le discours suivant :

Si un homme sage a les belles qualités nécessaires pour le bon gouvernement, & qu'il refuse de s'en charger, il ne fait pas ce que la droite raison & l'équité exigent. Votre maître, en me préfentant hier fes deux fils, a fait voir qu'il faut obferver la politefse prefcrite entre le plus âgé & le plus jeune ; mais comment peut-il négliger les rapports d'équité qui font entre le roi & les fujets ? Vous me direz qu'il veut mener une vie innocente & fans crime, & que pour parvenir à fon but il fuit le fiecle & les dignités ; mais en afpirant à cette perfection il renverfe tout le grand ordre de la condition humaine, puifqu'il ne remplit pas ce que l'équité prefcrit au fujet envers fon roi. Ainfi le fage recherche & accepte les magiftratures, non pour s'enrichir ou pour s'élever, mais pour remplir ce que l'équité lui prefcrit.

Vous ajouterez peut-être que la

science de bien vivre & de bien gouverner est aujourd'hui dédaignée par-tout, & que c'est en vain qu'on l'enseigne : je le sais bien ; mais cela m'autorise-t-il à négliger ce que l'équité exige de moi ?

11. Les annales de l'empire font mention de sept hommes illustres, Pé-Y, Xao-Cy, Yu-Chum, Y-Yé, Chu-Cham, Lieu-Hia-Hoéi, Xoo-Lien, qui, ayant méprisé le monde, vécurent inconnus, & menerent une vie privée ; mais comme il y avoit beaucoup de différence dans leurs mœurs & leurs actions, Confucius en parloit ainsi :

Pé-Y & Xao-Cy furent deux illustres personnages dont l'esprit ne s'abaissa jamais à des objets vils & abjects, & dont les mœurs furent ſans reproche. On dit au contraire que Lieu-Hia-Hoéi & Xoo-Lien, par condeſcendance & pour ſe conformer au goût & à la vie des autres, ne dédaignoient pas de s'occuper de choſes abjectes, & ſe permettoient même quelquefois des choſes qui pouvoient imprimer une eſpece de tache à la pureté de leurs mœurs. Il n'y avoit pourtant dans leurs diſcours rien qui fût contraire à la droite raiſon, ni dans leurs actions rien d'opposé à ce que l'équité preſcrit, & c'eſt en cela que leur vie eſt remarquable.

On dit enſuite que Yu-Chum & Y-Yé, pour ſe dérober à toute eſpece de célébrité, ne s'étoient occupés que d'eux-mêmes, & que de plus ils s'étoient permis de parler beau-

coup trop : cependant lorſqu'ils vivoient ainſi, leurs actions ne s'écar-
toient point des regles de la vie, ni
leurs paroles des loix de l'équité.

Quant à moi, il s'en faut beaucoup que je penſe comme eux, car
je ne m'attache point opiniâtrément
à une ſeule maniere d'être. Il y a
dans cette vie des choſes qu'il convient de faire, d'autres qu'il ne convient pas de faire Je recherche &
j'accepte une magiſtrature lorſque
cela convient, & je ne la recherche
ni ne l'accepte lorſqu'il ne convient
ni de la rechercher ni de l'accepter.

12. Autrefois lorſque le roi étoit
à table, à chaque nouveau mets qui
ſe ſervoit on donnoit un concert
différent, & chaque mets avoit ſon
préfet de la muſique. Lorſque les

trois familles nobles Ki , Xo & Mem eurent rempli le royaume de trouble, & qu'elles ufurperent l'autorité du roi de Lu fur les rites & fur la mufique, & que par conféquent la mufique du roi ne conferva ni fes ufages ni fes rites , tous les préfets de la mufique fe difperferent dans différentes contrées. Chi, premier préfident du tribunal de la mufique , fe retira dans le royaume de Cy ; Koa , préfident de la mufique du fecond mets, dans le royaume de Tfou ; Léao , préfident de la mufique du troifieme mets, dans le royaume de Tfay ; Kivé , préfident de la mufique du quatrieme mets, dans le royaume de Cin ou de Xenfi ; Fan-Xo, préfet des tambours, à la ville de Ho-Nuy ; Vu , le préfet des cymbales & des fiftres, dans la ville de Han-Chum; & Yam, afsefseur du premier préfident de la mufique & préfet des inftruments faits avec les pierres fonores, fe retira dans la ville de Hay-Tao.

13. Le prince Cheu-Kum, fur le point de déclarer fon fils Pé-Kin héritier du royaume de Lu, lui parloit ainfi : Gravez profondément dans votre efprit ces quatre principes fondamentaux dans un royaume :

1°. Un prince fage ne doit ni laifser fes parents fans honneurs ni les aimer foiblement.

2°. Il ne doit point par fa défiance donner fujet aux premiers miniftres de fe plaindre & de s'irriter.

3°. Il ne doit pas laifser dans

l'oubli, ou fans dignités, les deſcendants des familles diſtinguées, à moins que leur méchanceté ou leur perfidie ne les en exclue.

4°. Il ne faut ni exiger ni eſpérer d'un homme une perfection abſolue.

14. Sous la dynaſtie des Cheu il arriva une choſe extraordinaire ; une femme eut huit enfants, tous gemeaux, qui ſe rendirent célebres par leur ſageſse.

ARTICLE XIX.

Qualités d'un véritable diſciple de la ſageſse, & ſes devoirs. Regles pour enſeigner les autres. Critique & louange de Confucius.

1. Tsu-Cham, diſciple de Con-

fucius, difoit: On doit regarder comme un vrai difciple de la fa-geffe celui qui, à la vue d'un dan-ger, ne craint point de facrifier fa vie; qui, à la vue du gain, ne vife qu'à l'équité; qui, dans les céré-monies de *cy*, n'eft occupé qu'à les remplir avec le refpect prefcrit; & qui, dans les funérailles, n'eft oc-cupé que de fa douleur.

2. Le même Tfu-Cham difoit: Celui qui embrafe la vertu avec peu d'efprit, & qui reçoit la doc-trine avec un cœur inconftant, n'augmente point pendant fa vie le nombre des vivants & ne le dimi-nue point à fa mort. On ne peut donc regarder cet homme ni com-me rien ni comme quelque chofe.

3. Tfu-Cham & Tfu-Hia, de dif-

ciples de Confucius qu'ils étoient, devinrent maîtres. Un disciple de Tsu-Hia demanda à Tsu-Cham en quoi consistoit la regle de la société humaine.

Qu'en pense Tsu-Hia votre maître ? répondit Tsu-Cham.

Le voici, répondit le disciple : Fréquentez les hommes de mérite ; évitez ceux qui n'en ont point.

Ce que l'on m'a enseigné est bien différent, répliqua Tsu-Cham ; le voici : Le sage cultive les sages & vit avec le vulgaire ; il loue les gens de bien & plaint les méchants, parcequ'il dit en lui-même : Si je suis très sage, il faut bien que je vive avec ceux qui le sont moins ; sans cela les sages ne m'admettroient pas si je n'étois pas sage.

Comment concilier cette doctrine avec celle de votre maître qui dit qu'il faut fuir la société des hommes sans mérite ?

4. Tsu-Hia disoit : Quoique les petites professions de laboureurs, de jardiniers, de médecins, méritent quelque considération, cependant si quelques uns de ceux qui les exercent, étendant plus loin leurs vues, aspirent aux magistratures, je crains bien que leur exercice ne les détourne de leur objet : c'est pour cela que l'éleve de la sagesse ne s'y applique point.

5. Celui qui peut apprendre chaque jour ce qu'il n'a pu encore savoir, & qui recueille tous les mois ce qu'il a pu apprendre, celui-là aime véritablement à apprendre.

6. Si vous voulez parvenir à la piété, ou à la parfaite droiture du cœur, apprenez beaucoup, affermissez-vous dans votre dessein, examinez chaque chose, appliquez-vous tout. Ces quatre maximes bien observées conduisent sûrement à la piété.

7. Comme les ouvriers restent constamment dans leur attelier jusqu'à ce qu'ils aient fini leur ouvrage, de même les disciples de la sagesse doivent persévérer dans l'étude des sciences jusqu'à ce qu'ils soient parvenus à la perfection de la vertu.

8. Les petits hommes, au lieu de se corriger de leurs fautes, tâchent de les couvrir ou d'en faire des actes de vertu.

9. Le sage semble dans le commerce de la vie éprouver trois changements. Lorsque vous le voyez de loin, il paroît grave & sévere ; lorsque vous lui parlez, il est poli & bienveillant ; lorsque vous l'écoutez long-temps, il est droit & constant.

10. Lorsqu'un sage ministre a bien convaincu le peuple de sa bonne volonté, il peut sans peine lui prescrire des travaux ; si le peuple suspecte sa bienveillance, il se croit injustement vexé : lorsqu'ensuite il a bien convaincu le prince de son zele pour son service, il peut lui donner des avis ; car si le roi doute de son zele, il recevra les avis comme des reproches & comme des outrages.

11. Dans les choses de conséquence, le sage ne doit point outrepasser les bornes de sa charge; mais il peut être moins rigide dans les choses peu importantes.

12. Tsu-Yen, disciple de Confucius, reprochoit à Tsu-Hia de n'enseigner que des choses peu importantes à ses disciples. Cette petite troupe de disciples de Tsu-Hia disoit-il, sait très bien comment il faut arroser & balayer le gymnase, comment il faut répondre modestement aux hôtes & les conduire à leur place : mais ce n'est là que la moindre & la derniere partie de la sagesse; car s'ils n'ont pas la première & la principale qui consiste dans la parfaite droiture du cœur, à quoi servent ces petits devoirs de l'urbanité ?

Tſu - Yen ſe trompe fort, dit Tſu-Hia : n’y a-t-il pas dans l’étude de la ſageſſe des choſes qu’il faut d’abord enſeigner ſans effort, & d’autres qui demandent plus d’application, & qui doivent leur ſuccéder ? Un maître ne doit-il pas s’accommoder à la capacité de ſes diſciples ? Il y a entre eux les mêmes différences qu’entre les plantes. Un maître ne trompera-t-il pas ſes diſciples, ſi, lorſqu’ils ſont encore dans un état d’ignorance, il leur enſeigne des choſes élevées & difficiles ?

Mais le ſage peut-il tromper ſes diſciples s’il leur enſeigne la ſcience de la ſageſſe ? Or il n’appartient qu’à l’homme parfait d’embraſser la ſcience de la ſageſſe depuis les

premiers principes jusqu'aux der-
niers

13. Lorsque le préfet a rempli
tous les devoirs de sa charge, disoit
Tsu-Hia, s'il lui reste encore des
forces & du temps, qu'il l'emploie
à l'étude des lettres ; & que celui
qui étudie les sciences, lorsqu'il a
rempli sa tâche, étudie les devoirs
du préfet s'il lui reste encore du
temps & des forces.

14. Tsu-Yen disoit : Il suffit
dans les devoirs funebres de montrer une vraie douleur.

15. Il disoit de Tsu-Cham : Il
fait sans difficulté ce que les autres
ne feroient qu'avec peine ; mais il
n'a point encore acquis la piété.

16. Un autre disciple, nommé
Tsum, disoit : Notre cher Tsu-

Cham a un air de gravité impofan-
te; mais il n'a pu donner aux autres
la piété ni la recevoir d'eux.

17. Selon le même Tfum, Confucius difoit : Il eft très difficile de
voir un homme qui fafse des actions ordinaires avec toute l'application & toute l'affection dont il eft
capable ; mais fi nous voulons voir
un homme qui agit avec toute l'at-
tention de fon efprit & toute l'affection de fon cœur, jettons les yeux
fur celui qui rend à fon pere & à fa
mere les devoirs funebres.

18. Le même difciple, pour cen-
furer le peu d'égards du préfet Ki
pour fes parents, louoit ainfi Mem-
Chum qui ne manquoit à aucun.
Confucius notre maître difoit : L'o-
béiffance & le refpect de Mem-

Chum pour ses parents fut singulier & admirable ; cependant on peut l'imiter : mais qu'il n'ait rien changé ni dans les préfets soumis à son pere ni dans la forme d'administration qu'il avoit établie, voilà ce qu'il est très difficile d'imiter.

19. Mem, ministre du royaume de Lu, nomma Yam-Fu président de la justice ; celui-ci alla trouver son maître Tsem pour lui demander ce qu'il devoit faire pour bien s'acquitter de sa charge.

Il y a long-temps, lui dit Tsem, que les préfets ne donnent plus l'exemple & que les peuples ne pratiquent plus la vertu ; ainsi dans l'examen des accusés, si vous découvrez qu'ils sont coupables, gardez-vous de vous en réjouir ; soyez au contraire pénétré de compassion pour le coupable, & ayez pour lui toute la clémence possible.

20. Le disciple Tsu-Kum disoit : Quoique l'empereur Cheu ne fût pas aussi méchant qu'on le dit, cependant, parcequ'il a laissé un nom odieux, il n'y a point de crime qu'on ne lui impute. Voilà pourquoi le sage ne craint rien tant que de tomber au dernier degré de la méchanceté, de peur qu'on ne lui attribue tous les crimes.

21. Le même Tsu-Kum disoit : Les fautes du sage sont semblables aux éclipses du soleil & de la lune ; tout le monde peut les voir, car il ne les cache pas ; & lorsqu'il les a réparées, tout le monde l'admire comme auparavant, & comme s'il

n'avoit point commis de fautes, ainſi que l'on admire le ſoleil & la lune après une éclipſe comme auparavant.

22. Kum-Sun-Chéo, premier miniſtre du royaume de Guéi, fit cette queſtion à Tſu-Kum : Où Confucius votre maître a-t-il pu puiſer toutes les connoiſsances qu'il poſsede ?

Tſu-Kum lui répondit : Le ſage gouvernement des ſages princes Ven-Vam & Vu-Vam n'eſt pas encore anéanti ſur la terre ; il exiſte encore des hommes qui en conſervent le ſouvenir & les principes : les plus habiles connoiſsent ce qu'il renferme de plus important, & les moins habiles ce qu'il y a de moins important. Voilà pourquoi il n'y a perſonne en qui l'on ne trouve la doctrine & la diſcipline de ces prin-ces. Il n'y a donc point de lieu où notre maître ne pût l'apprendre, ni de perſonnes qui ne puiſsent la lui enſeigner, & il pouvoit trouver par-tout des maîtres capables de l'en inſtruire.

23. Xo-Sun-Vu-Xo, premier miniſtre du royaume de Lu, étant dans le palais avec les autres mi-niſtres, parloit ainſi de Confucius: Je ſuis étonné des louanges que l'on donne à Confucius; j'avoue que Tſu-Kum me paroît beaucoup plus ſage que lui.

Le miniſtre Tſu-Fo-Kum-Pé le rapporta à Tſu-Kum, qui dit: Moi! plus ſage que Confucius! Je ſuis comme un mur qui ne s'éleve pas au-deſſus des épaules des hommes, & par conséquent on peut ſans peine voir de dehors tout ce qu'il renferme : mais Confucius, par la ſublimité de ſa doctrine & de ſa vertu, eſt comme un mur qui s'éleve à la hauteur de pluſieurs toiſes ; ainſi ſi l'on n'entre par la porte, on ne peut voir la magnificence du palais impérial qu'il renferme, ni l'auguſte ſomptuoſité des grands. Or il y a peu de perſonnes qui puiſſent entrer par la porte de la maiſon de Confucius : ainſi il ne faut pas s'étonner de ce que Xo-Sun-Vu-Xo dit ſur ce ſage.

24. Un jour ce même miniſtre attaquoit la réputation de Confucius. C'eſt en vain, lui dit Tſu-Kum, que vous aboyez contre la réputa-

tion de Confucius ; sa doctrine est
à l'épreuve de la malignité des détracteurs : tous les autres sages sont
semblables à ces hauteurs ou à ces
collines que l'on peut facilement
monter & traverser; Confucius est
comme le soleil & la lune, auxquels
on ne peut atteindre. Que le détrac-
teur rejette tant qu'il voudra sa doctrine, il ne fera que manifester son
ignorance & son imbécillité : peut-
il nuire au soleil ou à la lune ?

25. Chin-Tsu-Kin, disciple de
Confucius, conversant avec son
condisciple Tsu-Kum, parloit ainsi
de Confucius : Vous avez une vénération & une admiration extrême
pour Confucius; mais en quoi, je
vous prie, vous est-il supérieur ?

Tsu-Kum lui répondit avec colere : Une seule parole peut faire juger si un disciple de la sagesse est prudent ou imprudent ; & c'est pour cela qu'il parle avec circonspection. Sachez que votre maître Confucius est parvenu à un degré de sagesse où personne ne peut parvenir : il est inaccessible comme le ciel.

26. En effet , donnez-lui un royaume à gouverner, & bientôt vous verrez rétablir ce que l'on appelle les soutiens de la vie humaine, les campagnes , les villes, les bourgs, ériger des palestres pour l'instruction & pour les mœurs, procurer la paix & la tranquillité publique par la réduction de plusieurs peuples ; gagner le cœur de tous ceux qui sont en dissention , & les

ramener à la concorde ; enfin pendant fa vie tout le monde le louera
comme maître de la fageſse, & à
fa mort on le pleurera comme le
pere de la patrie : qui pourroit donc
s'élever juſqu'à la hauteur de fa fageſse ?

ARTICLE XX.

La ſuite & les commencements des
empereurs Yao-Xun, Yu, Chim-
Tam, Vu-Vam ; de quelques
unes des qualités du bon gouver-
nement, & des rites du mauvais.

1. LE ſage gouvernement des
anciens empereurs étoit exactement
conforme à la doctrine de Confucius. Voici comment l'hiſtorien
l'expoſe.

L'empereur Y-A-O, en remettant l'empire à Chun , lui dit :
Prince Chun , le ciel, qui regle la
succeſſion des empires, vous tranſ-
met aujourd'hui le mien ; je vous
recommande ſur-tout de ſaiſir le
vrai milieu de la vertu, & de ne jamais vous en écarter : autrement
vous attirerez les périls & les cala-
mités ſur tous ces peuples diſperſés
entre les quatre mers ; vous les por-
terez à la fureur & à la sédition, &
vous perdrez pour toujours la puiſ-
ſance de l'empire que le ciel vous
avoit confié. L'empereur Chun ,
en remettant l'empire au prince Yu,
lui tint le même diſcours.

2. Lorſque Chim-Tam, autrement Ly, premier empereur de la
famille des Xam (ou Cham), eut

détrôné Kié, dernier empereur de la famille des Hia, il parla ainsi aux rois & aux princes afsemblés :

Long-temps avant que j'eufse réfolu de prendre les armes pour délivrer l'empire de la tyrannie, & tandis que je n'étois encore qu'un enfant, j'ofai facrifier un veau noir comme la famille des Hia, & de moi-même je m'adrefsai à l'efprit qui remplit la hauteur des cieux & qui pénetre la profondeur de la terre, c'eft-à dire au maître du ciel ; & je lui parlai ainfi :

L'empereur Kié a commis bien des crimes ; je n'ofé ni les excufer ni les diffimuler : les fages font véritablement les grands du ciel qui gouverne, ou plutôt, ô gouverneur & maître du ciel, ce font vos grands.

Je ne dois donc pas permettre qu'ils passent leur vie dans l'obscurité & dans l'inutilité sans honneurs & sans magistratures. O seigneur du ciel! je ne me propose que ce que vous voulez & ce que vous ordonnez: comment oserois-je m'y opposer?

Voilà ce que je fis alors; si j'ai commis une faute, elle est de moi seul, & tous ces peuples n'y ont aucune part: mais aujourd'hui si ces peuples font des fautes, elles font sur mon compte, parceque je les conduis mal.

3. Vu-Vam, le fondateur de la dynastie des Cheu, allant combattre le dernier empereur de la dynastie des In ou Xam, commença sa marche par une magnifique munificence

pour les peuples qui étoient réduits à la misere; il fit distribuer du bled & de l'argent; mais il en donna davantage aux plus gens de bien. Lorsqu'il alla combattre l'empereur Cheu, il parla ainsi à son armée:

« Cheu notre ennemi a une ar-
« mée très nombreuse; mais il y a
« parmi cette multitude peu de su-
« jets fideles & gens de bien: ainsi
« cette multitude d'hommes mé-
« chants & sans fidélité ne peut ré-
« sister à notre armée peu nombreu-
« se , mais composée d'hommes
« pieux & fideles; pourquoi donc
« différons-nous à l'attaquer? Les
« murmures des peuples, leurs plain-
« tes, leurs soupirs croissent tous
« les jours; je me reproche ma len-
« teur, & c'est à moi seul que l'on

« impute les crimes qu'ils commet-
« tent. »

4. Après la mort de Cheu, Vu-
Vam affermit son empire, & commença à rétablir l'ancien gouvernement presque anéanti. Il rétablit
l'exactitude dans les poids & dans
les mesures : il examina les loix &
les remit en vigueur : il fit revivre les
droits & les devoirs des magistrats.

Alors on vit le bon gouvernement refleurir dans tout l'empire &
y faire régner le bonheur. Il rendit
ensuite aux descendants des anciens
empereurs les royaumes qu'ils a-
voient, & les donna à leurs proches
parents lorsqu'ils n'avoient pas laissé de postérité. Il éleva aux dignités
les hommes sages qui vivoient dans
l'obscurité & confondus avec le plus

bas vulgaire. A la vue de ce sage gouvernement, tous les peuples de l'empire furent pénétrés de vénération & remplis d'amour pour Vu-Vam, & se soumirent à lui de leur propre mouvement.

Il s'occupa principalement de trois choses ; 1°. de procurer aux peuples tout ce qui étoit nécessaire pour une subsistance commode ; 2°. de prescrire les rites des funérailles ; 3°. de régler les cérémonies.

5. Ensuite l'historien, résumant le gouvernement de tous ces empereurs, conclut ainsi : Il faut donc qu'un prince, pour bien gouverner, possede quatre vertus, la bonté, la sincérité, l'exactitude, l'équité. Par sa bonté il se concilie l'amour de tout le monde ; par sa sincérité il

gagne la confiance ; par son exactitude il conduit bien les affaires pu-
bliques ; par son équité il inspire à
tout le monde la sincérité & la sa-
tisfaction qui en est inséparable.

6. Le disciple Tsu-Cham fit un
jour cette question à Confucius :
Que doit faire un prince sage pour
bien administrer son royaume ?

Qu'il pratique cinq vertus, &
qu'il évite quatre vices.

Quelles sont les cinq vertus ? dit
Tsu-Cham.

Les voici, dit Confucius : Qu'il
soit bienfaisant sans frais & sans dépense ; qu'il exige les travaux ou les
corvées sans faire murmurer les
peuples ; qu'il desire sans avarice ;
qu'il soit magnanime sans orgueil,
& grave sans sévérité.

7. Qu'entendez-vous, je vous prie, lorsque vous dites qu'il faut que le prince soit bienfaisant sans frais & sans dépense ? ajoute Tsu-Cham.

Il y a, dit Confucius, des choses dont le peuple tire ses profits & son aisance ; tels sont les champs, les maisons, les plantations des arbres, les troupeaux, &c. Lorsque le prince leur procure la facilité de faire ces profits, n'est-il pas bienfaisant sans dépense & sans frais ? Lorsque le prince n'impose que les travaux que la nécessité exige, & qu'ils sont répartis avec équité, personne ne s'irrite ni ne murmure. Lorsqu'un prince desire ardemment la piété & qu'il l'obtient, l'appelleroit-on par hasard avare parcequ'il auroit obtenu ce qu'il desiroit ?

De plus, un prince qui, com-
mandant à des peuples nombreux
ou à un petit état, qui, traitant des
affaires d'une grande importance ou
ordinaires , présente toujours un
front doux & serein, n'est-il pas magnanime sans orgueil ? Enfin un
prince n'est-il pas grave sans sévérité
lorsqu'on voit dans ses habits tant
de décence , & de dignité sur son
visage, & dans ses yeux une splen-
deur vénérable qui imprime dans le
cœur de tous ceux qui le voient le
réspect & la crainte ?

8. Présentement, dit Tsu-Cham ,
quels sont, je vous prie , les quatre
vices que le prince doit éviter ?

Les voici , dit Confucius. 1°. Le
prince qui n'instruit pas son peuple,
& qui, lorsqu'il commet des crimes,

le fait mourir, est cruel. 2°. Celui qui n'avertit pas à temps de ce qu'il veut que l'on fasse, & qui vient sur-le-champ pour voir s'il est fait, ce prince, dis-je, est inconsidéré. 3°. Celui qui hésite & qui paroît indécis en donnant ordre de faire une chose, & qui, lorsque le temps de la faire approche, en presse vivement l'exécution, ce prince est léger. 4°. Le prince avare dans la distribution des récompenses méritées est détenteur injuste d'un dépôt.

9. Confucius disoit : On ne peut parvenir à la sagesse si l'on ne connoît pas la loi du ciel, ni s'affermir dans la vertu si l'on ignore les rites de l'honnêteté, ni discerner les hommes si l'on ne sait pas l'art de parler.

F I N.

TABLE DES ARTICLES.

Fin de la Table.